"十四五"时期国家重点出版物出版专项规划项目

★ 转型时代的中国财经战略论丛 ◢

山东省社科规划项目研究成果(项目批准号:21DGLJ09)

行为科学与社会合作困境治理:理论与实践

Behavioral Science and the Governance of
Social Cooperation Dilemmas: Theory and Practice

刘晓丽 著

中国财经出版传媒集团

经济科学出版社
Economic Science Press

·北京·

图书在版编目（CIP）数据

行为科学与社会合作困境治理：理论与实践／刘晓丽著.--北京：经济科学出版社，2024.7.--（转型时代的中国财经战略论丛）.--ISBN 978-7-5218-6187-7

Ⅰ.D63

中国国家版本馆 CIP 数据核字第 2024P00M72 号

责任编辑：杨金月
责任校对：李　建
责任印制：范　艳

行为科学与社会合作困境治理：理论与实践

XINGWEI KEXUE YU SHEHUI HEZUO KUNJING ZHILI：LILUN YU SHIJIAN

刘晓丽　著

经济科学出版社出版、发行　新华书店经销
社址：北京市海淀区阜成路甲 28 号　邮编：100142
总编部电话：010-88191217　发行部电话：010-88191522
网址：www.esp.com.cn
电子邮箱：esp@esp.com.cn
天猫网店：经济科学出版社旗舰店
网址：http://jjkxcbs.tmall.com
北京季蜂印刷有限公司印装
710×1000　16 开　12 印张　190000 字
2024 年 7 月第 1 版　2024 年 7 月第 1 次印刷
ISBN 978-7-5218-6187-7　定价：50.00 元

总　序

　　"转型时代的中国财经战略论丛"（以下简称《论丛》）是在国家"十四五"规划和2035年远景目标纲要的指导下，由山东财经大学与经济科学出版社共同策划的重要学术专著系列丛书。当前我国正处于从全面建成小康社会向基本实现社会主义现代化迈进的关键时期，面对复杂多变的国际环境和国内发展新格局，高校作为知识创新的前沿阵地，肩负着引领社会发展的重要使命。为响应国家战略需求，推动学术创新和实践结合，山东财经大学紧密围绕国家战略，主动承担时代赋予的重任，携手经济科学出版社共同推出"转型时代的中国财经战略论丛"系列优质精品学术著作。本系列论丛深度聚焦党的二十大精神和国家"十四五"规划中提出的重大财经问题，以推动高质量发展为核心，深度聚焦新质生产力、数字经济、区域协调发展、绿色低碳转型、科技创新等关键主题。本系列论丛选题涵盖经济学和管理学范畴，同时涉及法学、艺术学、文学、教育学和理学等领域，有力地推动了我校经济学、管理学和其他学科门类的发展，促进了我校科学研究事业的进一步繁荣发展。

　　山东财经大学是财政部、教育部和山东省人民政府共同建设的高校，2011年由原山东经济学院和原山东财政学院合并筹建，2012年正式揭牌成立。近年来，学校紧紧围绕建设全国一流财经特色名校的战略目标，以稳规模、优结构、提质量、强特色为主线，不断深化改革创新，整体学科实力跻身全国财经高校前列，经管类学科竞争力居省属高校首位。随着新一轮科技革命和产业变革的推进，学科交叉融合成为推动学术创新的重要趋势。山东财经大学秉持"破唯立标"的理念，积极推动学科交叉融合，构建"雁阵式学科发展体系"，实现了优势学科的联动发展。建立起以经济学、管理学为主体，文学、理学、法学、工学、教育学、艺术学等多学科协调发展的学科体系，形成了鲜明的办学特色，为国家经济建设和社会发展培养了大批高素质人才，在国内外享有较高声誉和知名度。

山东财经大学现设有 24 个教学院（部），全日制在校本科生、研究生 30000 余人。拥有 58 个本科专业，其中，国家级一流本科专业建设点 29 个，省级一流本科专业建设点 20 个，国家级一流本科专业建设点占本科专业总数比例位居省属高校首位。拥有应用经济学、管理科学与工程、统计学 3 个博士后科研流动站，应用经济学、工商管理、管理科学与工程、统计学 4 个一级学科博士学位授权点，11 个一级学科硕士学位授权点，20 种硕士专业学位类别。应用经济学、工商管理学、管理科学与工程 3 个学科入选山东省高水平学科建设名单，其中，应用经济学为"高峰学科"建设学科。在 2024 软科中国大学专业排名中，A 以上专业 23 个，位居山东省属高校首位；A＋专业数 3 个，位居山东省属高校第 2 位；上榜专业总数 53 个，连续三年所有专业全部上榜。工程学、计算机科学和社会科学进入 ESI 全球排名前 1%，"经济学拔尖学生培养基地"入选山东省普通高等学校基础学科拔尖学生培养基地。

山东财经大学以"努力建设特色鲜明、国际知名的高水平财经大学"为发展目标，坚定高质量内涵式发展方向，超常规引进培养高层次人才。通过加快学科交叉平台建设，扎实推进学术创新，实施科学研究登峰工程，不断优化科研管理体制，推动有组织的科研走深走实见行见效，助力学校高质量发展。近五年，学校承担国家级科研课题 180 余项，整体呈现出立项层次不断提升、立项学科分布逐年拓宽的特征，形成以经管学科为龙头、多学科共同发展的良好态势。其中，国家重点研发计划 1 项，国家社会科学基金重大项目 5 项、重点项目 9 项、年度项目 173 项。学校累计获批省部级科研奖励 110 余项，其中，教育部人文社科奖一等奖 1 项，成功入选《国家哲学社会科学成果文库》，实现学校人文社科领域研究成果的重大突破。学校通过不断完善制度和健全机制激励老师们产出高水平标志性成果，并鼓励老师们"把论文写在祖国的大地上"。近五年，学校教师发表 3500 余篇高水平学术论文，其中，被 SCI、SSCI 收录 1073 篇，被 CSSCI 收录 1092 篇，在《中国社会科学》《经济研究》《管理世界》等中文权威期刊发表 18 篇。科研成果的竞相涌现，不断推进学校哲学社会科学知识创新、理论创新和方法创新。学校紧紧把握时代脉搏，聚焦新质生产力、高质量发展、乡村振兴、海洋经济和绿色低碳已搭建省部级以上科研平台机构 54 个，共建中央部委智库平台 1 个、省级智库平台 6 个，省社科理论重点研究基地 3 个、省高等学校实验室 10 个，为教师从事科学研究搭建了更广阔的平台，营造了更优越的学术生态。

"十四五"时期是我国从全面建成小康社会向基本实现社会主义现代化迈进的关键阶段，也是山东财经大学迎来飞跃发展的重要时期。2022 年，党的二十大的胜利召开为学校的高质量发展指明了新的方向，建校 70 周年暨合并建校 10 周年的校庆更为学校的内涵式发展注入了新的动力；2024 年，学校第二次党代会确定的"一一三九发展思路"明确了学校高质量发展的路径。在此背景下，作为"十四五"时期国家重点出版物出版专项规划项目，"转型时代的中国财经战略论丛"将继续坚持以马克思列宁主义、毛泽东思想、邓小平理论、"三个代表"重要思想、科学发展观和习近平新时代中国特色社会主义思想为指导，紧密结合《中共中央关于制定国民经济和社会发展第十四个五年规划和二〇三五年远景目标的建议》和党的二十届三中全会精神，聚焦国家"十四五"期间的重大财经战略问题，积极开展基础研究和应用研究，进一步凸显鲜明的时代特征、问题导向和创新意识，致力于推出一系列的学术前沿、高水准创新性成果，更好地服务于学校一流学科和高水平大学的建设。

我们期望通过对本系列论丛的出版资助，激励我校广大教师潜心治学、扎实研究，在基础研究上紧密跟踪国内外学术发展的前沿动态，推动中国特色哲学社会科学学科体系、学术体系和话语体系的建设与创新；在应用研究上立足党和国家事业发展需要，聚焦经济社会发展中的全局性、战略性和前瞻性重大理论与实践问题，力求提出具有现实性、针对性和较强参考价值的思路与对策。

前　言

　　社会治理的核心议题是建立多元参与主体之间良性有序的合作关系，这就要求社会治理机制的设计者对多元主体各方的合作行为模式有深入了解。要明确这一问题，要厘清多元主体交互合作背后的微观机理。从多主体交互合作博弈的过程来看，无论是政府、社会组织还是企业，最终的决策者都可以归为人，最终的行为都是内部决策者合作行为的体现。社会治理中的合作行为具有鲜明的正外部性，即每一位参与者在享有社会治理成果的同时也都存在规避社会治理成本的动机。因此，在由行为人的经济生产和社会活动构成的社会中，社会治理的关键科学问题就是让行为人突破社会困境达成合作。这就要求我们必须选用恰当的个体行为视角探索和挖掘社会困境中合作行为的微观基础，并以此为依据，从合作行为的微观视角设计社会困境治理的助推机制。

　　本书聚焦社会治理中多主体交互合作的微观机理，通过梳理社会治理、社会困境和合作行为的相关研究，确定整体研究的逻辑框架，即以合作信念为逻辑起点，以探索社会困境中合作行为的微观基础为重点，以设计社会困境中合作行为的助推机制为关注点展开实验研究。

　　依据以上逻辑框架和研究方法，本书的主要研究内容有：

　　第一，行为层面，即社会困境中合作行为的信念基础。本部分使用行为实验研究方法，基于公共物品博弈的基本框架，从关于自我的合作信念、关于他人的合作信念和关于群体的合作信念三个维度，解构个体利益最大化和群体利益最大化存在冲突的社会困境中人们的合作行为，剖析社会成员之间的合作信念对社会合作水平的影响，进而厘清社会困境中合作行为的信念基础，为后续治理机制设计提供行为科学的依据。

　　第二，神经层面，即社会困境中合作行为的神经基础。本部分使用神经实验的研究方法，运用经颅直流电刺激（tDCS）技术，分别检验了背外侧前额叶（DLPFC）脑区与社会困境中关于自我的合作信念、关于他人的合作信念和关于群体的合作信念的关系，展现 DLPFC 脑区与社会困境中合作信念的因果关系，进而揭示社会困境中合作行为的神经基础，为后续治理机制设计提供神经科学的依据。

第三，机制设计层面，即社会困境中合作行为的助推机制。本部分使用比较制度实验研究的方法，以上述社会困境中合作行为的微观基础（信念基础和神经基础）为依据，通过实验室模拟不同情境下的决策，在基准实验的基础上嵌套他省和自省规则进行探索，按照评判引导式的他省和内省式的自省规则建立评价语句库，考察自省和他省机制对社会困境中合作行为的助推作用，并考察两种外部助推机制与社会成员内部合作信念的互动机理，探索社会困境治理的助推机制。

基于以上研究内容，本书得出三个主要结论：一是关于自我的合作信念、关于他人的合作信念和关于群体的合作信念共同作用于社会困境中的合作行为，但是三者的影响并不相同；二是 DLPFC 脑区与关于自我的合作信念、关于他人的合作信念和关于群体的合作信念均相关，是社会困境中合作行为的神经基础；三是自省和他省是社会困境中合作行为的助推机制，并且两者都是通过改变社会成员的合作信念发挥助推作用。

本书的创新点包括：第一，率先从行为进路探究社会治理中多主体交互合作的微观机理，为推进社会治理改革寻找微观基础；第二，率先以合作信念为逻辑起点剖析社会困境中的合作行为，探索性研究了关于自我的合作信念、关于他人的合作信念和关于群体的合作信念与合作行为的匹配关系，厘清了社会困境中合作行为的信念基础；第三，率先探究公共物品博弈中合作行为的神经基础，原创了公共物品博弈框架下合作行为的神经研究范式；第四，探索性研究了突破社会困境的自省和他省的助推机制，为社会治理改革提供行为和神经科学的启示。

目　录

第1章　绪论 ……………………………………………………………… 1

　　1.1　研究背景与研究问题 ………………………………………… 1

　　1.2　研究思路与研究方法 ………………………………………… 8

　　1.3　内容安排与研究架构 ………………………………………… 15

　　1.4　研究意义与创新点 …………………………………………… 17

　　1.5　本章小结 ……………………………………………………… 22

第2章　相关理论和文献综述 …………………………………………… 24

　　2.1　核心概念界定 ………………………………………………… 24

　　2.2　社会治理的相关研究 ………………………………………… 28

　　2.3　合作行为的相关研究 ………………………………………… 33

　　2.4　社会困境的相关研究 ………………………………………… 39

　　2.5　文献述评 ……………………………………………………… 47

　　2.6　本章小结 ……………………………………………………… 52

第3章　合作行为的信念基础研究 ……………………………………… 54

　　3.1　实验原理与研究假设 ………………………………………… 54

　　3.2　实验设计 ……………………………………………………… 57

　　3.3　实验结果 ……………………………………………………… 61

　　3.4　本章小结 ……………………………………………………… 75

第4章　合作行为的神经基础研究 ················· 77

　4.1　实验原理与研究假设 ················· 77

　4.2　实验设计 ················· 82

　4.3　实验结果 ················· 87

　4.4　本章小结 ················· 106

第5章　合作行为的助推机制研究 ················· 110

　5.1　助推机制的制度效应研究 ················· 110

　5.2　助推机制的内在机理研究 ················· 129

　5.3　本章小结 ················· 149

第6章　结论与展望 ················· 152

　6.1　研究结论 ················· 152

　6.2　研究展望 ················· 156

　6.3　本章小结 ················· 158

参考文献 ················· 159

附录 ················· 178

　附录 A：实验说明 ················· 178

　附录 B：实验后问卷 ················· 180

第1章 绪 论

"共建共治共享"，就是全体人民共同参与社会建设、共同参与社会治理、共同享有治理成果。这样的布局体现了社会治理以人为中心的鲜明思想和走向善治的最终目标，凸显了社会治理中"构建多元主体之间良性有序的合作关系"这一核心议题。实现共建共治共享的社会治理格局，就要求社会治理机制的设计者对多元主体各方的合作行为模式有深入了解。要明确这一问题，首先要厘清多元主体交互合作背后的微观机理。从多主体交互合作博弈的过程来看，无论是政府、社会组织还是企业，最终的决策都可以归化于人，这些合作主体的最终行为都是内部决策者合作行为的外在体现。然而，社会治理中的合作具有鲜明的正外部性，即社会成员在享有社会治理成果的同时也都存在规避社会治理成本的动机。这意味着，在对由行为人的经济生产和社会活动构成的社会中，社会治理的一个重要落脚点就是对行为人在社会困境中的合作行为进行治理。为了能够在理论层面对该主题进行探索，本章将会从现实背景和理论背景两个方面对研究背景进行概述，并在此基础上明确三个主要的研究问题、阐明研究思路和研究方法、展示本书架构和内容安排，最后提出本研究的意义和创新点。

1.1 研究背景与研究问题

1.1.1 研究背景

社会治理在党的十八大之后正式成为我国社会建设的关键词与方法

论，其目标得到了清晰的定位。党的十九大则进一步将"加强和创新社会治理，维护社会和谐稳定"作为新时代中国特色社会主义思想的重要内容，对"打造共建共治共享的社会治理格局"做出了新的部署（康均心，2018），进一步提升了社会治理的理论高度。与此同时，学术界也兴起了社会治理研究的热潮。

1. 现实背景

改革开放以来，中国在市场经济领域的改革一直稳步推进，市场经济机制日臻完善，经过 40 多年的高速发展，2014 年国内生产总值（GDP）为 636463 亿元，首次突破 60 万亿元，GDP 总量稳居世界第二。[①] 然而，中国在社会领域的改革却没能及时跟上市场经济领域的改革，社会领域改革的滞后也成为中国当下一系列重大社会问题（如食品安全、房屋拆迁、环境污染、文化冲突、医患纠纷等）的重要根源。与此同时，随着"互联网 +"时代的到来，社交媒体平台（如论坛、微博、抖音和微信等）全面普及，信息传播开始出现速度极快、范围极广的特点，使得社会问题突发性越来越强、演化速度越来越快，导致预判越来越难、控制越来越难、解决越来越难，原本属于个体性的社会问题很容易演变成为群体性社会事件，引发社会的广泛关注。特别是自 2018 年中美贸易摩擦以来，世界格局发生了深刻变化，中国在社会建设方面面临的形势更加严峻，各种新问题、新挑战接踵而至，社会治理的任务更加艰巨，社会治理改革的推进刻不容缓。

党的十八届三中全会提出，坚持系统治理，鼓励和支持政府、社会组织、企业和公民等多方全面参与社会治理，实现社会治理多元主体的良性互动。此外，党的十九大也明确指出，要致力于"打造共建共治共享的社会治理格局"。如此部署，表明政府已经意识到，只有政府放权，实现社会多主体共同参与，才能迅速有效地实现社会治理领域的改革。特别是，在当前网络虚拟社区迅速发展的时代背景下，人们的生活方式和工作方式实时更新，社会结构呈现组织"碎片化""原子化"和个人"自组织化"（李维安，2015）的特点。面对日益复杂多样的社会问题，政府不可能一力承揽，只有社会组织的参与也难以纾解困难，现有的社

---

① 2014 年中国 GDP 突破 10 万亿美元 为日本 2 倍 [EB/OL]. 人民政协网，2015 - 01 - 20.

会治理模式已越来越不能满足日益提高的社会需求。要化解这些社会矛盾、应对当前社会发展背景下的新要求、新任务和新挑战，必须深入推进社会治理领域的改革。

推进社会治理改革，需要科学的理论指导和有效可行的政策建议。"创新社会治理""打造共建共治共享的社会治理格局"和"多方参与"的发展部署，给当今社会治理领域的改革和发展带来了前所未有的机遇。如何在保证社会经济稳定运行的前提下，有效调动各方力量，从全新的视角探索社会治理，"以规则和制度来约束、重塑利益相关者之间的关系"（李维安，2011，2012，2014），推进社会治理中全民参与、友好合作、共同治理，成为社会治理领域亟须解决的重要问题，也是未来社会治理领域改革的重中之重。

2. 理论背景

社会治理领域作为社会学、经济学、管理学、政治学等多学科交叉的研究领域，其研究范围涵盖多个层面、涉及多种方法。迄今为止，在该研究领域中，学者们主要围绕理论层面的社会治理基础理论研究、参与主体层面的社会治理主体自治研究以及制度层面的社会治理机制设计研究这三个主题开展研究。以社会治理基础理论为研究主题的系列研究明确了宏观和历史视角下国家和社会关系的模式及其转型（Orogun et al.，1991）；以社会治理参与主体为研究主题的系列研究，主要是运用了新制度经济学的分析方法，强调了自主自治不可替代的作用（Ostrom et al.，1993）；以制度层面上社会治理机制为研究主题的系列研究，探索了基层社会组织参与社会治理视角下农村村委会自治、城市社区自治等问题（谢金林，2011）。上述三个主题的理论研究，对于社会治理领域的改革和发展有重要作用，同时也为从个体行为视角对社会治理的微观基础展开研究提供了理论基础。

社会治理是指政府、社会组织、企业、社区以及公民个人等行为主体，通过平等的协作关系，依法对社会事务、社会组织和社会生活进行规范和管理（段华明，2019），最终实现提供公共物品和配置公共资源中社会利益最大化的过程（陈家刚，2012；戚学祥和钟红，2014）。打造"共建共治共享"的社会治理新格局的关键在于社会成员之间的合作，社会合作往往面临社会困境问题，因此，社会治理本质上就是为了解决社会困境问题，突破社会困境是成功打造社会治理新格局的关键所在。在现有的研究社会困境的经济模型中，公共物品博弈模型与社会治理中人们合作面临的合作困境匹配最为契合，提升公共物品中参与人的贡献量与提升社会成员合作水平的本质是相同的，因此，可以使用公共物品博弈的框架来研究社会治理中的合作困境问题。

通过公共物品博弈框架，可以抽象并简化社会治理中参与人在社会困境中的合作问题。目前，在公共物品博弈框架下，关于社会困境中合作问题的研究主要可以分为两种，一种是外部监督机制对合作的督促作用（如信息披露、惩罚、沟通等）（Irlenbusch & Meer，2013；Faillo et al.，2013；连洪泉等，2013），另一种是考察行为人自愿合作的内部驱动因素（如利他、互惠、不平等厌恶等）（Fehr & Gächter，2000）。现有的这些提升公共物品贡献量的研究对于改善社会困境具有重要启发作用，同时也为文中述及的实验研究提供了框架依据。

上述公共物品博弈框架下的合作困境中，他人的行动通常是不可知的，这种不确定性导致个体作出决策行动前需要首先揣测对方可能的行动，基于此产生合作信念，其次才能作出自身的决策。除此之外，参与个体在这个合作过程中还需要彼此信任（Mellor et al.，2004；Leonard et al.，2010；李建标和李朝阳，2013）。这种信任实际上是指对结果可能怎样、将会怎样发生的一个后验概率判断，特指对被信任者可信赖程度的预期，其本质是一种信念，是一个人对行为和结果之间的关系的理解（Yamagishi T. & Yamagishi M.，1994；Hardin，2001）。在公共物品博弈困境中，参与人公共物品贡献量与其对他人贡献量的信念有关（Geanakoplos et al.，1989；Thöni et al.，2012；Kocher，2015；Nishi et al.，2016）。社会合作信念是参与人决策的重要依据。目前，在关于合作信念的研究中，学者们发现，关于他人的合作信念在合作博弈中十分重要，个体对关于他人的合作信念的更新影响该个体的合作水平。这类研究对于社会治理中的合作机制设计具有良好的借鉴意义，为本研究提供了重要的逻辑起点和理论分析支持，为社会治理改革提供制度启示。

综上所述，虽然现有的社会治理、社会困境和合作行为的相关研究已经为推进"创新社会治理"和打造"共建共治共享"的社会治理新格局提供了大量的理论依据，然而，在当下正处于转型期的中国社会中，社会利益逐渐分层，社会问题越来越多元化。急剧变化的社会结构和越来越复杂的社会利益格局已经使得通过社会治理改革建立良性有序的社会合作关系变得越来越迫在眉睫。厘清多主体交互合作背后的微观基础则是开始上述实践的第一步。本研究沿着现有研究的脉络，从个体行为视角探索社会治理的微观基础，明晰社会困境中合作行为的信念基础和神经基础，继而提出社会困境中合作行为的助推机制。

本书主要从以下几个方面进行探索：第一，社会困境中合作行为的影响因素。根据现有研究，从行为经济学和实验经济学的角度探寻发现，群体中个体的合作信念可能会对群体合作水平产生影响，据此，本研究将现实中多主体交互参与的社会治理场景抽象为多方参与的公共物品博弈场景，基于参与人在合作博弈交互过程中产生的合作信念展开研究，分类探讨社会困境中的三种合作信念对于合作行为的影响，明晰社会困境中合作行为的信念基础，重点探讨社会困境中多主体交互合作时直接产生的关于自我的合作信念、关于他人的合作信念和关于群体的合作信念对于个体合作行为的影响。第二，为了进一步探索合作行为的深层根源，在上述行为层面展开探索的基础上，使用神经实验的研究方法进一步解析社会困境中合作行为的神经基础，为社会困境治理提供神经层面的理论证据。由于神经机制的研究需要专业仪器，技术壁垒与实证研究、案例研究、行为研究等相比，一般较高，对此问题探索的文献仍较为匮乏。目前的研究并没有明确社会困境中合作行为的神经基础，特别是直接影响社会困境中合作水平的上述三种合作信念的神经基础，有待于进一步运用神经实验的方法进行明确。第三，以合作行为的微观基础研究结论为依据，设计社会困境治理的助推机制。如果上述关于合作行为的行为证据和神经证据得以证实，社会困境中的三种合作信念（关于自我的合作信念、关于他人的合作信念和关于群体的合作信念）影响合作行为的机理得以明确，基于上述的研究结果，就有可能找到有效助推社会困境中的合作行为的机制，进而实现改善社会困境的目的。

1.1.2 研究问题

基于上述研究背景，本部分将从本书提出的主要动因和关注的主要问题两个方面展开论述。

1. 主要动因

（1）实践探索导向。

中国社会目前正处于由同质的单一性社会转变为异质的多样性社会这一重要转型期（张静，2006）。在转型过程中，社会利益逐渐分层，社会问题多元化（王志萍，2008），社会治理领域改革滞后于社会治理领域改革的需求，不同社会成员之间存在多种利益冲突，社会矛盾凸显。在社会结构急剧变化、利益格局日益复杂的新形势下，传统的社会治理模式已经不能满足社会转型的需要，政府全能主义的社会治理模式正逐渐退出历史的舞台，企业、社会组织、公众等多元治理主体在社会治理中的作用越来越突出，多元主体共同参与的社会治理模式获得越来越广泛的认可。

在这种多元主体交互合作的社会治理模式下，"以暴制暴"的外在约束手段往往收效甚微，自发性的社会合作越来越重要。特别是随着"互联网＋"时代的到来，论坛、微博、抖音和微信等社交媒体平台全面普及，社会成员的合作模式发生了巨大变化。在新时代背景下，如何调动社会成员间合作的积极性，增强社会成员的合作意识，提升社会困境中社会成员之间的合作水平，是未来创新社会治理模式、平稳度过社会的转型期、建成共建共治共享的社会治理新格局的关键。厘清社会困境中合作行为的微观基础，并据此设计助推机制，则是开始上述实践探索的第一步。

（2）理论价值导向。

与传统的政府全能主义的社会治理模式不同的是，在政府、企业、社会组织、公众等共同治理的社会治理新时代，社会治理结构改革不仅需要规范社会组织内部的权利配置，还需要通过分权与制衡的制度设计，调动组织内成员全员参与，实现内部与外部的协同治理。

通过文献梳理发现，现有的研究对社会治理中社会成员合作行为的根源机理（即社会困境中合作行为的信念基础和神经基础）尚不十分明确，因此没有根据信念基础和神经基础提出的、适应时代要求的、可以纾解当前社会困境的治理机制。与此同时，现有的关于社会治理机制的研究，一方面，已经对社会治理机制的种类进行了比较充分的讨论（龚维斌，2014；谢勇和吴大华，2018），这为本书从个体行为视角探讨社会治理机制的设计提供了充分的依据；另一方面，行为经济学和实验经济学中的相关研究发现，在合作博弈中，参与主体的合作信念可能会对合作水平产生影响（Geanakoplos et al.，1989；Thöni et al.，2012；Kocher et al.，2015；Nishi et al.，2016；Wu，2016），这为本书分类探讨社会困境中合作信念对于合作行为的影响提供了理论基础。

由于社会治理机制设计的根本出发点是促进社会成员合作、维护社会稳定、实现社会福利最大化，这与经济学中提升社会困境中参与人的合作水平（解决公共物品供给不足的问题）在本质上有高度的一致性。因此，社会治理作为学科高度交叉的前沿领域，引入其他专业（如行为经济学）领域的有关研究理论、研究方法和研究成果，从个体行为视角探究社会困境中合作行为的微观基础，不仅有利于丰富现有经济理论在解释和预测合作行为方面的成果，而且通过揭示社会治理中多主体交互合作的微观机理，可以完善当前社会治理的研究框架。

2. 主要问题

本书主要关注三个方面的问题：社会困境中合作行为的信念基础是什么？社会困境中合作行为的神经基础是什么？社会困境中合作行为的助推机制有哪些？

为了回答上述问题，本书以合作信念为逻辑起点，使用公共物品博弈刻画社会困境中成员间的交互合作行为，挖掘社会困境中合作行为的信念基础、神经基础和助推机制。首先，利用行为实验研究方法，测量社会困境中社会成员间的合作信念，文中从关于自我的合作信念、关于他人的合作信念和关于群体的合作信念三个维度，解析合作信念对于社会困境中合作行为的影响。其次，借助经颅直流电刺激（transcranial direct current stimulation，tDCS）技术，利用神经实验研究的方法，剖析社会困境中合作行为的神经基础。最后，基于上述行为实验研究和神经实验研究的结论，利用比较制度实验研究，立足制度设计，提出两种（自省和他省）可以通过改变社会困境中成员间合作信念，进而影响其合作行为的助推机制。以下将具体阐述本研究的三个核心部分：社会困境中合作行为的信念基础、神经基础和助推机制。

（1）社会困境中合作行为的信念基础。

本部分以合作信念为逻辑起点，依据实验经济学和行为经济学的有关理论和方法，基于公共物品博弈，设计相应的实验，直接测量社会困境中三种合作信念对合作行为的影响，依次探究以下三个问题：①社会困境中关于自我的合作信念如何影响社会合作行为？②社会困境中关于他人的合作信念如何影响社会合作行为？③社会困境中关于群体的合作信念如何影响社会合作行为？通过对上述三个问题的分析和探究，明确社会困境中三种合作信念对合作行为的作用，厘清社会困境中合作行为的信念基础，为后续治理机制设计提供行为科学的依据。

（2）社会困境中合作行为的神经基础。

本部分基于社会困境中合作行为的信念基础，借助 tDCS 技术，依次检验背外侧前额叶（dorsolateral prefrontal cortex，DLPFC）脑区与社会困境中三种合作信念的关系，主要探究以下三个问题：①DLPFC 脑区与社会困境中关于自我的合作信念是否存在因果关系？②DLPFC 脑区与社会困境中关于他人的合作信念是否存在因果关系？③DLPFC 脑区与社会困境中关于群体的合作信念是否存在因果关系？通过对上述三个问题的分析和探究，展现 DLPFC 脑区与合作信念的因果关系，进而揭示社会困境中合作行为的神经基础，为后续治理机制设计提供神经科学的依据。

（3）社会困境中合作行为的助推机制。

本部分使用比较制度实验研究的方法，以社会困境中合作行为的信念基础和神经基础为依据，通过实验室构造出不同的决策环境，在基准实验的基础上嵌套他省和自省规则进行研究，按照评判引导式的他省和内省式的自省规则建立评价语句库，考察自省和他省机制对社会困境中合作行为的助推作用，并探索两种外部助推机制与社会成员内部合作信念的互动机理，主要探究以下四个问题：①自省机制是否可以提升社会困境中的合作水平？②自省机制是否通过改变社会困境中的合作信念进而提升社会困境中的合作水平？③他省机制是否可以提升社会困境中的合作水平？④他省机制是否通过改变社会困境中的合作信念进而提升社会困境中的合作水平？本研究通过对上述四个问题的分析，探索社会困境治理的助推机制。

1.2　研究思路与研究方法

本书通过文献梳理确定整体研究逻辑框架，即以合作信念为逻辑起点，以探索社会困境中合作行为的微观基础（包括信念基础和神经基础）为重点，以设计社会困境中合作行为的助推机制为关注点展开研究。本部分将分别详细阐述研究思路和主要的研究方法。

1.2.1 研究思路

本书将按照"提出问题—分析问题—解决问题—总结问题"的基本思路展开，具体技术路线如图 1.1 所示。

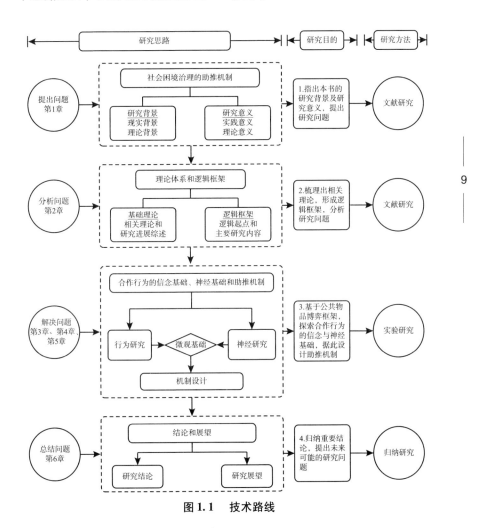

图1.1 技术路线

1. 提出问题

在分析研究背景和评述相关文献的基础上，以合作信念为逻辑起点，主要探讨以下三个方面的问题：（1）社会困境中合作行为的信念基础是什么？（2）社会困境中合作行为的神经基础是什么？（3）社会困境中合作行为的助推机制有哪些？通过前两个问题厘清合作行为的微观基础，然后以此为依据设计治理机制。

2. 分析问题

通过对现有主题相关研究进行梳理和评述，明确社会困境治理中助推机制研究的重点和逻辑框架。利用公共物品博弈框架刻画社会困境，以合作信念作为整体研究的逻辑起点，立足于个体微观视角，依次从信念基础、神经基础以及机制设计三个层面，环环相扣，探索社会困境治理的助推机制。

3. 解决问题

首先，利用行为经济学和实验经济学的方法，基于公共物品博弈的框架，设计实验室实验，探究社会困境中合作行为的信念基础，从关于自我的合作信念、关于他人的合作信念以及关于群体的合作信念三个维度探讨合作信念对于社会困境中合作行为的影响，进而厘清社会困境中合作行为的信念基础。其次，使用神经实验，根据前述研究结论，借助tDCS技术，考察社会困境中合作信念与DLPFC脑区的因果关系，从而解析社会困境中合作行为的神经基础。最后，从机制设计的角度探索社会困境中提升合作水平的助推机制。

4. 总结问题

总结归纳本书的主要内容和结论，为当前社会转型期中正在推进的社会治理改革提供微观层面的理论依据和启示。

1.2.2 研究方法

本书重点关注社会困境中合作行为的信念基础、神经基础和助推机制，因此需要从行为研究、神经研究和机制设计三个层面入手，综合考虑社会成员在社会困境中的合作偏好（信念）与外在制度的交互，才有可能真正发现个体微观视角下社会困境中合作行为的信念基础和神经基础，并以此为依据设计助推机制。所以，选用能够直接刻画社会合作困境和直接检验制度有效性的研究方法十分重要。基于上述原因，本书选用的主要研究方法如下所示。

1. 文献研究方法

本书开展的前提和基础是对相关的政策文件资料和理论文献的分类整理及综述分析。针对社会治理、社会困境和合作行为三个维度的研究主题，本书借助 CNKI、万方数据、百度学术、读秀等文献数据库，运用 EndNote 文献管理软件，借助 Stata 等统计分析软件对相关资料进行归类、梳理和评述，明确了社会困境治理领域中有待进一步探究的具体问题，并且根据相应的问题寻找解决此问题的可能路径。通过对理论文献和政策文件资料的梳理，为后续研究工作的开展奠定理论基础和逻辑起点。

2. 行为实验研究方法

史密斯（Smith，1982）在 1982 年最早提出了实验室行为实验研究方法，他认为，一个实验室微观经济系统 S 可以包括两个方面：结构向量 E 和制度向量 I（李晓义和李建标，2009）。李晓义和李建标（2009）认为，经济与管理类的实验被定义为系统的结构设置和制度设置（treatment）到系统绩效 P（performance）之间的映射，不同于规范研究和实证研究的是，这个映射依靠实验参与人在受控实验环境下的行为 B（behavior）来传导，所以实验研究的一般性范式可以表达为：$E\&I \rightarrow B \rightarrow P$。

依据这种研究思路，本书中的实验设计首先需要抽象出社会困境中合作行为的精炼结构和制度变量。例如，在关于合作行为的信念基础的行为实验研究中，考虑到社会中人们的身份类型或者说所处阶层可能不同，文中的基本公共物品博弈选取了异质性初始禀赋，进而搭建出一个不同阶层社会合作的"镜像"，最终以此来获取社会困境中合作信念对于合作水平的影响。

由于实验研究的关键在于将理论模型所假设的制度环境在不发生系统性扭曲的情况下移植到实验室微观经济系统中，同时，在移植中必须保证参与人所面临的激励和约束结构与理论模型所假设的激励和约束结构一致，否则实验的有效性就难以保证，因此，在实验设计环节，最关键的是参与人的报酬设计。本次实验研究遵循"价值诱导"（value induction）原则，实验中参与人所获得的金钱报酬与其决策相关，使参与人感受到激励与约束。

开展本次实验的实验室有专用局域网系统，参与人都在封闭、独立的机位上进行实验（见图 1.2），保证了实验参与人决策的独立性和偏好的真实表达，防止实验数据的污染。

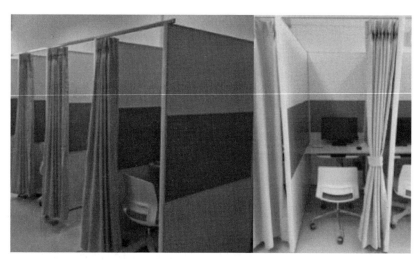

图 1.2　本研究中使用的实验室场景展示

资料来源：作者拍摄。

本书中的实验使用 Z - tree 软件作为上机实验平台，后续实验中用到的上机程序为作者编写（程序和上机界面请见附录 B 和附录 C）。

3. 神经实验研究方法

目前神经实验研究使用的主要技术包括功能性核磁共振成像（functional magnetic resonance imaging，fMRI）、事件相关电位（event-related potentials，ERPs）和 tDCS 技术等。

本书选用 tDCS 技术。tDCS 是一种安全、非侵袭、利用微弱电流（通常为 1 ~ 2 mA）调节大脑皮质层神经元细胞活性或者说兴奋性的技术。如图 1.3 所示，tDCS 仪器中，直接接触实验参与人头部的是阳极和阴极两个电极片，其中红色电极片（即图 1.3 中左一方片）为阳极，蓝色电极片（即图 1.3 中左二方片）为阴极。这两个电极片通过接触头部的两个不同部位（刺激电极和参考电极）形成回路，以微弱极化直流电作用于大脑皮质。阳极刺激（anodal stimulation）使大脑皮层的兴奋性提高，而阴极刺激（cathodal stimulation）则会降低大脑皮层的兴奋性（Nitsche & Paulus，2001；Civai et al.，2015），这就是 tDCS 技术对大脑皮层兴奋性的极性影响。基于这种影响，可以通过对照不同设置（阳极刺激设置、阴极刺激设置和虚拟刺激设置）之间的差异，可以确定相应的脑区与决策行为的因果关系。

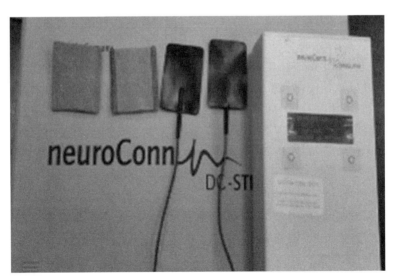

图 1.3　tDCS 设备展示

资料来源：作者拍摄。

4. 统计计量分析研究方法

与实证研究类似，本研究对实验数据的处理需要借助统计计量方法，包括参数检验和非参数检验、相关性分析、OLS 回归等。

本书综合运用了上述四种研究方法，其中，实验研究作为核心章节的主要方法，有至关重要的作用。虽然实验室实验研究方法在解决"不便于直接量化的决策情境"的问题上具有优势，但实验室实验研究也有一定的局限性，特此作出以下说明：

由于实验通常用真实报酬激励实验参与人的决策行为，因此该类研究方法在外部可靠性（external validity）和内部有效性（internal validity）两个方面经常遭受质疑。自 20 世纪 70 年代史密斯（Smith，1982）教授率先将实验室实验方法引入市场理论研究领域以来，这种质疑一直存在，但随着实验经济学的深入发展，实验室实验的外部可靠性经过大量实践验证，逐渐得到了经济学界和管理学界的认可。本研究中所有实验的参与人均为在读的 MBA、本科、硕士研究生，本次实验室实验在实验研究设计和实施过程中，严格遵循了实验研究方法的要求和逻辑，以确保实验结果的质量。

神经实验研究方法的使用，则是为了弥补行为实验研究手段在外部可靠性和内部有效性方面的不足。一直以来，行为经济学和实验经济学在解释人类行为时面临的最大困境来自联系行为和偏好的"源代码"这一关联要素的缺失，也被称为"大脑神经元网络的不可测性"（郑昊力，2017）。这使得直观表现出来的可观测行为也是在未知的大脑"黑箱"的控制下完成的，而对人类的感知进行直接的度量曾经是不可能的，直到 20 世纪 40 年代，萨缪尔森还认为"人类能观察到的只有行为"（Samuelson，1947）。然而，随着神经科学的迅速发展，fMRI、tDCS 等技术的成熟使得揭示大脑的内部运作机理成为可能。

本研究在行为实验的基础上引入神经实验研究方法，可以从神经元层面揭开社会困境中合作行为的神秘面纱，为社会治理中合作行为的微观基础提供神经层面的证据。

1.3　内容安排与研究架构

1.3.1　内容安排

本研究总共分为 6 章，章节安排如下：

第 1 章，绪论。介绍研究背景和研究动因，提出研究问题；阐述整体研究思路，选择研究方法；介绍研究架构和内容安排；总结研究意义，明确创新点。

第 2 章，相关理论和文献综述。界定核心概念，梳理社会治理、社会困境、合作行为的相关研究，明晰研究脉络，确立研究空间。

第 3 章，合作行为的信念基础研究。基于公共物品博弈的实验框架，以合作信念为逻辑起点，运用策略性实验的方法，探索关于自我的合作信念、关于他人的合作信念及关于群体的合作信念对社会合作水平的影响，厘清社会困境中合作行为的信念基础。

第 4 章，合作行为的神经基础研究。运用 tDCS 技术，考察 DLPFC 脑区与社会困境中合作信念（即关于自我的合作信念、关于他人的合作信念及关于群体的合作信念）的因果关系，明晰社会困境中合作行为的神经基础。

第 5 章，合作行为的助推机制研究。利用比较制度实验研究，提出自省和他省助推机制，探讨自省和他省两种机制发挥助推作用的内在机理。

第 6 章，结论与展望。归纳本研究的主要结论，提出研究展望。

1.3.2　研究架构

本书基于公共物品博弈框架，从个体行为视角探索社会治理中合作行为的微观基础，以合作信念为逻辑起点，重点关注社会困境中合作行为的信念基础、神经基础和助推机制，据此形成整体架构，如图 1.4 所示。

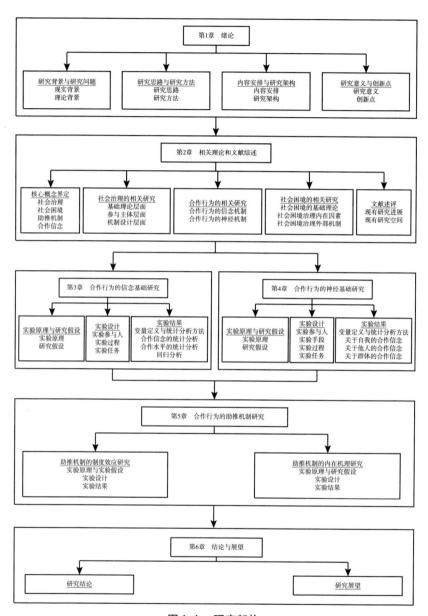

图1.4　研究架构

1.4 研究意义与创新点

1.4.1 研究意义

本书紧扣"社会困境治理的助推机制"主题,从个体行为视角探索社会困境中合作行为的微观基础(信念基础和神经基础),并以此为依据,从合作行为的微观视角设计社会困境治理的助推机制,解析治理主体的行为交互的微观机理,对社会治理有重要的现实意义和理论意义。

1. 现实意义

(1)解析多元治理主体行为交互的微观机理,有助于从个体微观视角丰富社会治理领域的分析框架。

中国社会治理的改革正在经历着由政府作为单一主体的传统社会管理向多主体协同参与社会治理转变的过程。在这个过程当中,各参与方之间的利益结构将会发生巨大变化,会引起其各自行为模式的改变。特别是随着自媒体等公众网络平台的崛起,多元治理主体之间的互动与协作会更加容易被扩散、放大。在当前中国情境下,需要将多元治理主体的行为交互纳入社会协同治理模式的研究范畴。本书以合作信念为逻辑起点,利用公共物品博弈,模拟社会治理多主体交互过程中面临合作困境时的合作行为,以此探究社会困境中合作行为的信念基础,并通过神经科学的实验方法,探索社会困境中合作行为的神经基础,解析社会治理多主体行为交互深层次的微观机理,这项研究将行为经济学和神经经济学的分析范式应用到社会治理领域,将有助于从个体微观视角丰富社会治理领域的分析框架。

(2)为社会治理改革提供行为和神经科学的启示,有助于推进转型期社会治理领域的改革。

习近平总书记提出加强和创新社会治理,着力打造共建共治共享的社会治理新格局。共建共治共享①就是要全体人民共同参与社会建设、共同参与社会治理、共同享有治理成果。如此布局，体现了社会治理以人为中心的鲜明思想，要打造共建共治共享的社会治理新格局，至关重要的一点就是要充分发挥群众自治组织的作用，积极开展社会合作（王彩云，2011）。本书发现，在公共物品博弈中嵌套自省与他省机制后，通过这两种外在的变相监督机制，可以改变个体合作信念，进而改变其在社会困境中的合作行为。通过检验自省和他省制度与内在偏好的互动机理，从个体行为的视角发现多主体协同合作的可能路径，为当下社会治理改革创新和建设共建共治共享的社会治理新格局提供行为和神经科学的启示，有助于推进转型期社会治理领域的改革。

2. 理论意义

（1）探究合作信念与合作行为的匹配关系，厘清公共物品博弈困境中合作行为的信念基础。

现有的关于可重复公共物品的研究发现，自身公共物品贡献量的增加和对于他人贡献量的信念提高有正相关关系（Neugebauer et al.，2009；Croson，2010；Fischbacher & Gächter，2010）。然而，究竟是自身对公共物品贡献量增加后对于他人贡献量的信念随之升高，还是对他人贡献量的信念升高后导致了自身贡献量的增加，这两者之间的因果关系尚不清楚。回归分析结果显示的贡献量增加可以引起贡献量信念提升的趋势（或回归分析这种统计方法本身），忽视了信念是一种会随时间变化的变量这一重要特点，进而高估了信念对于贡献量的影响。对于上述问题，本书中使用行为实验，首先测量公共物品博弈过程中参与人的事前信念，然后进行投资决策，考察事前信念对合作行为的影响，接下来，公布所有参与人上一轮的投资决策，并让所有参与人再次汇报合作信念，然后再进行一次公共物品的投资决策，观察合作信念是否对决策有影响。本研究通过分别考察事前信念和事后信念对投资决策的影响，有助于探究合作信念与合作行为的匹配关系，进而厘清公共物品博弈中合作行为的信念基础。

（2）检验 DLPFC 脑区的活跃水平与合作信念的因果关系，明晰公

① 习近平. 打造新时代共建共治共享的社会治理格局［EB/OL］. 新华网，2017 - 10 - 27.

共物品博弈困境中合作行为的神经基础。

这项工作的一个核心是帮助研究者理解社会偏好下的大脑活动过程，进而解释社会场景中很多令人费解的行为。目前关于信念的研究已经发现，DLPFC 脑区与合作信念存在相关关系，但是，以往研究使用的都是最后通牒博弈（ultimatum game）的框架，并且大都聚焦于惩罚对合作的影响（Ruff et al.，2013；Sanfey et al.，2014），没有重视考察公共物品博弈框架下合作信念的神经机制。迅速发展的神经科学融合了多种学科（包括神经科学、心理学和经济学），为人类决策提供了丰富多样的参考模型和技术手段。沿着前文脉络，本研究借助 tDCS 技术，将实验参与人按照接受的刺激电极分为阳极、阴极和虚拟三组，分别刺激 DLPFC 脑区 15 分钟，随后让实验参与人进行公共物品博弈，以此分析 DLPFC 脑区的活跃水平与合作信念的因果关系，进而明晰公共物品博弈困境中合作行为的神经基础。

（3）探索自省和他省的助推机制，补充公共物品供给方面的相关研究。

保罗·萨缪尔森（Paul Samuelson，1955）率先分析了公共物品的供给不足问题（Olson，1965；Croson，2010）。目前，针对公共物品供给不足问题的研究基本可以概括为两大类，一类聚焦于利他、互惠、不平等厌恶等这些基于个体异质性的社会偏好（Fehr & Gächter，2000），另一类则聚焦于寻找可以提升公共物品供给的外部机制（如信息披露、惩罚等）（Riechmann & Weimann，2008；连洪泉等，2013；Irlenbusch & Meer，2013；Faillo et al.，2013）。本书中提出的他省与自省机制可以归类为后者。本书不仅证明了他省与自省可以提高公共物品的供给，同时也证明了他省与自省提升公共物品的内在机理是合作信念与外在制度的互动。这两种助推机制内外结合，可以很好地对提升公共物品供给的现有机制构成补充。

1.4.2　创新点

本书围绕"社会困境治理的助推机制"这一核心研究问题展开跨学科研究，首先探索社会困境中合作行为的信念基础和神经基础，其次据此提出社会困境治理的助推机制，创新点主要体现在以下四个方面。

（1）率先从行为进路探究社会治理中多主体交互合作的微观机理，为推进社会治理改革寻找微观基础。

中国关于社会治理的研究现在正处于早期发展阶段，学者们主要围绕理论层面的社会治理基础理论研究、参与主体层面的社会治理主体自治研究以及制度层面的社会治理机制设计研究这三个主题开展研究。尽管现有研究已经可以在一定程度上为开展社会治理改革提供理论基础，但是，将多元治理主体之间的行为交互纳入社会治理分析框架还需要更加契合的理论依据。政府、企业和社会组织等社会治理主体最终的行为都是内部决策者行为的体现，基于此，本书将其归一化处理（即文中公共物品博弈实验的边际回报率相同），聚焦社会治理多元主体交互合作的微观基础，率先从个体行为视角剖析了社会治理中合作行为的微观机理，为打造共建共治共享的社会治理新格局提供个体微观层面的理论依据，有利于推动创新社会治理改革。

（2）率先以合作信念为逻辑起点剖析社会困境中的合作行为，探索性研究了关于自我的合作信念、关于他人的合作信念和关于群体的合作信念与合作行为的匹配关系，厘清了社会困境中合作行为的信念基础。

在社会困境中，多方参与主体交互合作的过程中会出现三种直接影响合作行为的合作信念，即关于自我的合作信念、关于他人的合作信念和关于群体的合作信念。本研究通过梳理社会困境领域的相关研究发现，尽管现有研究中已经有学者从行为经济学和实验经济学的角度探寻了参与主体的合作信念对合作水平的影响，但是鲜有研究分类探讨上述三种合作信念对合作行为的具体影响。因此，关于自我的合作信念、关于他人的合作信念和关于群体的合作信念影响合作行为的内在机理尚不清晰，有待进一步探究。针对上述现状，本研究通过行为实验的方法，基于公共物品博弈刻画的社会困境，直接测量实验参与人的上述三种信念和合作水平（公共物品自愿贡献量）之间的关系，进而厘清社会困境中合作行为的信念基础。

（3）率先探究公共物品博弈中合作行为的神经基础，原创了公共物品博弈框架下合作行为的神经研究范式。

现有的关于合作行为的神经科学研究已经证明，人类大脑 DLPFC 区域可能具有潜在的认知和神经过程，这些过程构成学习、遵循和执行合作行为的能力基础，进而在社会困境中产生对合作行为的适当反应。然而，现有研究大都只探讨了惩罚威胁下的合作行为和合作信念的神经机制，同时，这类研究没有单独测量信念，也没有直接评估参与人在每种设置条件下的合作信念（Sanfey et al.，2014）。因此，公共物品博弈框架下自愿性合作行为背后的神经基础有待明确，直接影响社会困境中合作行为的合作信念的神经基础也有待探索。针对此研究现状，本研究运用 tDCS 技术调节 DLPFC 脑区的活跃性，探究 DLPFC 脑区与社会困境中合作信念之间的关系，考察在自愿性无惩罚情况下合作信念背后的神经基础。与现有研究相比较，本研究的实验直接测量不同设置条件下两种身份类型的参与主体之间交互合作涉及的三种合作信念（关于自我的合作信念、关于他人的合作信念和关于群体的合作信念），通过验证DLPFC 脑区与合作信念之间的因果关系，可以证明公共物品博弈困境中合作行为的神经基础，原创了公共物品博弈框架下合作行为的神经研究范式。

（4）探索性研究了突破社会困境的自省和他省的助推机制，为社会治理改革提供行为和神经科学的启示。

本研究通过梳理发现，现有的关于社会治理机制设计方面的研究，大多关注的是基层社会组织参与社会治理的视角下农村村委会自治、城市社区自治等问题，对社会治理中合作困境的治理机制和社会合作内在动机的互动机制的探讨相对较少。针对此研究现状，本研究通过使用比较制度实验研究的方法，以社会困境中合作行为的信念基础和神经基础为依据，按照评判引导式的他省和内省式的自省规则建立评价语句库，通过实验室构造出不同的决策环境，在基准实验的基础上嵌套他省和自省规则进行研究，考察自省和他省机制对社会困境中合作行为的助推作用，探索两种外部助推机制与社会成员内部合作信念的互动机理。本研究中的自省实质上是参与主体内在的自我约束，而他省则是参与主体所在群体的外在约束。两种机制发挥作用的过程是对合作主体内外协同治理的过程。因此，文中提出的助推机制丰富和拓展了社会治理机制设计的相关研究，可以为社会治理改革提供行为和神经科学的启示。

21

1.5　本章小结

　　本章作为整体研究的概要，首先基于现实背景和理论背景，从实践探索导向和理论价值导向两个方面分析了本研究的动因，提出了本研究所关注的主要问题。

　　本章的重点内容是明确研究主题，即社会困境治理的助推机制，以此为研究关注点，本研究梳理了三个层面上需要研究的问题，以及相应的研究方案。

　　第一，行为层面，即社会困境中合作行为的信念基础。本部分以合作信念为逻辑起点，依据实验经济学和行为经济学的有关理论和方法，基于公共物品博弈，设计相应的实验，直接测量社会困境中三种合作信念对合作行为的影响，依次探究以下三个问题：（1）社会困境中关于自我的合作信念如何影响社会合作行为？（2）社会困境中关于他人的合作信念如何影响社会合作行为？（3）社会困境中关于群体的合作信念如何影响社会合作行为？通过对上述三个问题的分析和探究，明确社会困境中三种合作信念对合作行为的作用，厘清社会困境中合作行为的信念基础，为后续治理机制设计提供行为科学的依据。

　　第二，神经层面，即社会困境中合作行为的神经基础。本部分基于社会困境中合作行为的信念基础，借助 tDCS 技术，依次检验 DLPFC 脑区与社会困境中三种合作信念的关系，主要探究以下三个问题：（1）DLPFC 脑区与社会困境中关于自我的合作信念是否存在因果关系？（2）DLPFC 脑区与社会困境中关于他人的合作信念是否存在因果关系？（3）DLPFC 脑区与社会困境中关于群体的合作信念是否存在因果关系？通过对上述三个问题的分析和探究，展现 DLPFC 脑区与合作信念的因果关系，进而揭示社会困境中合作行为的神经基础，为后续治理机制设计提供神经科学的依据。

　　第三，机制设计层面，即社会困境中合作行为的助推机制。本部分使用比较制度实验研究的方法，以社会困境中合作行为的信念基础和神经基础为依据，通过实验室构造出不同的决策环境，在基准实验的基础上嵌套他省和自省规则进行研究，按照评判引导式的他省和内省式的自省规则，建立评价语句库，考察自省和他省机制对社会困境中合作行为的助推作用，并探索两种外部助推机制与社会成员内部合作信念的互动机理，主要探究以下四个问题：（1）自省机制是否可以提升社会困境中的合作水平？（2）自省机制是否通过改变社会困境中的合作信念进而提升社会困境中的合作水平？（3）他省机制是否可以提升社会困境中的合作水平？（4）他省机制是否通过改变社会困境中的合作信念进而提升社会困境中的合作水平？本研究通过对上述四个问题的分析和探究，探索社会困境治理的助推机制。

围绕上述三个层面的研究问题，本章按照"提出问题—分析问题—解决问题—总结问题"的研究思路，选取符合研究问题的具体方法，即文献研究法、行为实验研究法、神经实验研究法和统计计量分析法。同时，本章给出了本书的研究架构和内容安排。

本章从现实意义和理论意义两个维度阐述本研究的意义，并提出本研究的四个创新点：第一，率先从行为进路探究社会治理中多主体交互合作的微观机理，为推进社会治理改革寻找微观基础；第二，率先以合作信念为逻辑起点剖析社会困境中的合作行为，探索性研究了关于自我的合作信念、关于他人的合作信念和关于群体的合作信念与合作行为的匹配关系，厘清社会困境中合作行为的信念基础；第三，率先探究公共物品博弈中合作行为的神经基础，原创了公共物品博弈框架下合作行为的神经研究范式；第四，探索性研究了突破社会困境的自省和他省的助推机制，为社会治理改革提供行为和神经科学的启示。

23

第 2 章 相关理论和文献综述

本章借助 CNKI、万方数据、百度学术、读秀等数据库，运用 End-Note 等文献管理软件对相关资料进行回顾，从不同维度对文献总体情况进行统计分析。首先，本章界定了本研究的四个核心概念，即社会治理、社会困境、助推机制和合作信念。其次，在综述社会治理相关研究内容的基础上，明晰现有研究脉络，确立了研究契机。在此基础上，本章聚焦于合作行为的相关研究，从社会成员交互合作的微观基础视角，对影响合作水平的现有研究从信念视角和神经视角进行综述，为后续研究视角和理论方法的切入提供依据。同时，本章回顾了社会困境的相关研究内容，为本书探讨的主要研究问题奠定实验设计的框架基础。最后，在上述文献梳理的基础上，总结现有研究的进展，并指出研究空间。

2.1 核心概念界定

2.1.1 社会治理

在西方，治理（goverance）一词源于拉丁文和古希腊语，意为控制、引导和操纵。在中国，治理思想可以追溯到春秋战国时期荀子（约公元前 313～公元前 238 年）的著作《君道》，他提出"明分职，序事业，材技官能，莫不治理"①。自 1992 年世界银行发布《治理与发展》（governance and development）年度报告后，"治理"一词开始频繁出

---

① 方达评注. 荀子［M］. 北京：商务印书馆，2016：219.

现，据不完全统计，"治理"的概念目前已高达 200 多种（孙柏瑛，2004），包含有国家、社会、公共服务、公司和自组织网络五种形态（Rhodes，2010），治理领域更是从营利性组织（如公司治理、金融机构治理、集团治理、跨国公司治理）发展到非营利组织（大学治理、慈善机构治理、社区治理、政府治理），并进一步扩展到国家治理、环境治理、绿色治理等宏观层面，已然从经济治理扩大到社会公共事务治理，成为涵盖政治学、管理学、经济学、环境科学等学科的热门研究领域（李维安，2012）。

从党的十八届三中全会明确提出"推进社会领域制度创新，加快形成科学有效的社会治理体制"以来，"社会治理"正式进入中国官方话语体系并备受关注。

目前学术界对社会治理定义的主流观点认为，社会治理是指政府、社会组织、企业以及公民个人等行为主体，通过平等的合作关系，依法对社会事务、社会组织和社会生活进行规范和管理，最终实现提供公共物品和配置公共资源中社会利益最大化的过程（陈家刚，2012；戚学祥和钟红，2014）。

从上述定义来看，社会治理的参与主体主要包括政府、社会组织、企业和公民四大类，共同目标是实现公共资源配置时社会福利最大化，手段是建立多主体之间的平等合作关系。这意味着，社会治理的过程是通过建立多主体之间良性有序的互动合作关系进而解决公共资源外部性问题的过程。无论是政府、社会组织还是企业，实质上是个人合作决策聚合而成的群体合作决策，追根溯源都可以归化为人的合作决策。

本章将尝试从上述个体合作行为的微观视角探索社会治理，解析社会治理中多主体交互合作的微观机理。

2.1.2 社会困境

1980 年，道斯（Dawes，1980）首次提出社会困境（social dilemmas），界定了这样一种情形：每个人都因叛变而获得比合作更高的回报，但如果所有人都合作，比所有人都叛变更好。他认为，通常情况下，处于社会困境中的人更关注群体的回报而不是他们自己的，要么是自发的，要么是适当的行为。此后，在 1991 年，道斯（Dawes，1991）

对社会困境的定义进行修正，将社会困境定义为"群体利益和个体利益存在冲突的特殊情境"。

经过 40 多年的发展，目前学者们对社会困境的定义存在很多种，其中凯洛克（Kollock，1998）的观点最被普遍接受，他认为，社会困境的研究就是对个人理性与集体理性之间张力的研究。在所谓的社会困境中，广泛的集体利益与直接的自我利益存在显著冲突（Dorfman et al.，2014）。当参与个体的决策行为面临相互依赖的情境时，个体的理性行为会导致集体的非理性行为，进而使群体中每一个人的境况都变得更糟（Van et al.，2013；陈晓萍，2013）。万等（Van et al.，2013）的概念实际上对社会困境的原有概念进行了延展，纳入了囚徒困境（prisoner's dilemma）、信任困境（trust dilemma）和斗鸡博弈（chicken dilemma）等社会困境的经典类型。

从上述定义来看，社会困境的存在需要一个重要的假设条件，即"理性人"假设。根据"理性人"定义的行为标准，将社会困境中个体的行为决策区分为合作（亲社会）策略和背叛（非亲社会）策略（Balliet et al.，2013）。不同的合作策略意味着个体将会面临不同的收益结构，例如，当所有社会困境中的个体全部选择合作策略时，社会福利最大化，并且从参与个体的远期收益结构来看，合作策略也是有效的，尽管个体可能会面临短期收益的部分损失（Messick et al.，1983；Van et al.，2013）。

本研究立足于管理学的角度，在社会治理大背景下，旨在设计改善社会困境的治理机制。由于社会治理可以抽象为公共物品博弈中的合作问题，因此，本书中的社会困境主要是指公共物品博弈情境下的合作困境。

2.1.3 助推机制

助推（nudge）与传统的社会政策（social policy）不同，是选择体系结构的任何方面（罗昕，2019），它以可预测的方式改变人们的行为，而不禁止任何选项（即没有任何强制力的作用）或显著改变他们的经济动机（Taler & Sunstain，2008），他们认为，私人和公共政策的制定者并不是在试图跟踪或实现人们预期的选择，相反，他们有意识地试图把人们引向能让他们生活得更好的方向。例如，把水果放在与眼睛同高的位置也算是一种助推，但是禁止食用垃圾食品则不是。

传统的社会政策通常以"理性人"和"经济人"假设为前提进行设计，并依靠强制力或经济利益驱动促进社会政策的实施。但是，行为经济学等相关学科的研究发现，在社会中，人们并不总是依照理性人假设进行决策，更多的时候表现为"行为人"，即表现出行为的非理性（张书维，2016；李纾，2016）。人格、社会、文化等软要素也会影响人们的决策行为，因此如果不考虑这类造成人类非理性决策的因素，可能会导致社会政策实施效果不佳，甚至事与愿违（胡鞍钢，2016）。只有结合人们的心理特点等个体行为微观特征，并且结合文化、社会等外在环境因素进行制度设计，才有可能保证政策运行的良好效果（White & Ben，2015；杭承政，2017）。张书维等（2019）将根据此原则设计的社会政策称为行为社会政策（behavioral social policy）。

本研究致力于探索社会困境治理中的助推机制，本书的机制是指基于合作行为的微观基础设计的、可以改善社会困境的治理机制，即可以优化社会治理中合作困境的治理机制。因此，本书沿用助推的概念，定义为助推机制。

2.1.4　合作信念

阿夫纳·格雷夫（Avner Greif，2008）认为信念包含两种：一是个体基于世界的客观结构和行为的因果关系产生的与心智模式有关的内化信念，二是个体基于其他人行动策略以及自己的应对行动产生的行为人信念。

此外，根据一些学者的观点，信念存在三大类：第一类是人对非社会环境的信念；第二类是人对社会环境的信念，即对群体中其他人的合作信念或行为的信念；第三类是人对自己的信念（Adolphs，2009）。这意味着，基于预期的信念在很大程度上会依附于外界条件。偏好、信念、信任能够为个体合作行为提供解释，如果将制度定义为群体博弈过程中的非正式规则（习俗）或者正式规则（法律），那么正式或者非正式的制度是博弈，信念则是参与人对其他参与人行动策略集的认识（李建标和李朝阳，2013）。

如果将上述定义限定于社会困境中，则合作信念可以看作是合作主体的行为依据。在一个具有多方参与人的合作困境中，与参与人合作直接相关的信念可以有：关于自我的信念、关于他人的信念和关于群体的信念三种类型。

本研究中在探索合作行为的信念基础时，所指的合作信念界定为以上三种，且都是先验信念，即参与主体在自然状态下（没有参与文中的合作博弈之前）所具有的合作信念。

2.2　社会治理的相关研究

社会治理作为一个新兴的学科交叉领域，其核心定位从"社会管理"到"社会建设"再到如今的"社会治理"（马海韵，2018），研究范围涉及多个学科领域，目前学者们主要从基础理论层面、参与主体层面和机制设计层面展开研究。

2.2.1　基础理论层面

"社会治理"是"治理"在宏观层面的延伸，作为一个新兴的学科交叉领域，现有研究中涉及的社会治理基础理论，主要包括政治学中的"国家—社会"关系理论（the state-society relations）和经济学中的公共池塘理论与自主治理理论以及集体行动理论。

1. "国家—社会"关系理论

人们处理社会治理事物必然会参加政治活动，而几乎所有的政治活动都是围绕着国家与社会的关系进行的（吴晓霞，2018）。李忠汉（2017）认为，社会治理是一种在国家与社会的关系变迁中成长起来的话语体系和社会建设活动，"国家—社会"关系理论是透视社会治理的一种基本进路。奥罗贡（Orogun，1991）提出四种界定"国家—社会"关系的模式：强国家—弱社会、强社会—弱国家、强国家—强社会和弱国家—弱社会。

中国于 20 世纪 90 年代引入"国家—社会"关系理论（韩鹏云，

2012)，该理论的研究主要关注政府和国家之间的权利配置，现存在两种主要观点：一种是从国家政权建设的视角强调国家对社会的渗透和整合效应，即"国家高于市民社会"，侧重国家的管控作用；另一种是从社会自治的视角证明公民在国家发展中的作用，即"市民社会先于或外于国家"，侧重社会的自我治理（邓正来，2000）。无论是上述两种观点中的哪一种，都有一个共同目标，那就是寻求国家和社会领域中理想的权力边界，以实现国家的公权力（管控作用）与社会的自主权（自治作用）之间的良性互动。

随着社会治理领域中对"国家—社会"关系理论的进一步推进，有学者尝试从微观视角分析国家与社会之间的合理的权利边界线。例如，谢金林（2011）以社区治理中的街居制度为例，根据"国家—社会"关系理论，探讨了国家基层权利设置中国家与社会的互动关系。类似地，曾庆捷（2018）结合近代以来中国乡村的历史变迁，对"国家政权建设"范式和"国家与社会"范式两种研究乡村问题的重要范式进行归纳分析，依据中国精准扶贫的实践现状，通过检验发现，只有"国家权力与乡村非正式规则的融合，才使整齐划一的、带有刚性的政策能够更好地适应乡村的实际情况"。

2. 公共池塘理论和自主治理理论

社会治理事务中不免会涉及公共资源，因而经济学领域中由埃莉诺·奥斯特罗姆（Ostrom，1998）提出的公共池塘理论和自主治理理论也是社会治理领域的重要理论基础。其所提出的分析框架中，行动者依然是被赋予响应制度激励的特质。她认为，保证公共资源供给的制度可以分为两类：一类是强制执行的"硬"制度，如法律等；另一类是非正式的"软"制度，如承诺等。

据此，她认为解决公共池塘资源问题需要遵循六个原则。第一，建立便于排除的边界。奥斯特罗姆认为，公共资源的特点是影响其解决方案的关键所在，清晰的资源边界除了可以排除"搭便车"以外，还可以限制社区外的非法访问。第二，建立明确的内部规则。奥斯特罗姆认为，虽然边界的存在可以屏蔽外界的非法访问，但是资源在内部成员之间的合理均衡分配也至关重要。第三，实现规则本土化。奥斯特罗姆认为，公共资源并不是一成不变的，因而没有哪一种规则可以适用于所有的环境，因而公共资源的各项规则应该本土化。第四，确保监督和执行的有效性。奥斯特罗姆认为，成功的公共池塘资源管理必然包括监督和执行机制，即打破规则遭受惩罚，正确执行规则受到奖赏。第五，科学地解决争议。奥斯特罗姆认为，良好的争议处理手段可以减少公共池塘资源的问题范围。第六，利用系统规则之间的交互作用。奥斯特罗姆认为，在公共池塘资源中核心人物积极推动规则实施、强化治理安排时，有效的规则更容易产生，有助于公共池塘资源的运行。

3. 集体行动理论

集体行动目前还没有明确的定义，众多学者尝试作出解释。早在1962 年，斯梅尔塞（Smelser）首次综合概括集体行动，他认为，集体行为是一种改变性的尝试，这种改变性尝试通常在人们受到高压、威胁等不利环境中发生，属于优化自身处境的应变行为。

此后，曼瑟尔·奥尔森（Mancur Olson，2010）从公共选择理论视角定义集体行动，他将集体行动看作是个体在"理性人"和"自利人"前提下为达成利益最大化的共同目标而采取的行为。他认为，如果一个集团中的所有个人在实现了集团目标以后都能获利，由此也不能推断出他们会采取共同行动以实现集团目标——即使它们都是有理性的、寻求自我利益的动机（奥尔森，2011）。实际上，除非一个集团中成员人数很少或者存在外在强制力，又或者存在其他一些特殊手段，足以迫使集体成员按照集团的共同利益行动，否则理性并且寻求自我利益的集体成员不会采取行动以实现他们共同的或集团的利益。

沿着奥尔斯的逻辑，罗素·哈丁（Hardin Russell，1982）在《集体行动》一书中，利用多人组成的单期囚徒困境模拟集体行动，结果发现，所有集体成员的占优决策都是不合作，据此他指出集体行动理论的两点内涵：一方面，理性和自利偏好的集体成员存在规避为集体谋利的动机；另一方面，随着集体规模的扩大，集体协调难度会增加（Hardin，1982）。

随后，《集体行动：理论与应用》（1992 版）肯定了奥尔森的理论，同样运用博弈论的建模分析方法诠释集体行动，该书认为，集体行动包含三个方面的内容：一是集团规模与集体行动的关系；二是成员禀赋、偏好与社会地位决定的非对称性与集体行动的关系；三是通过强制和激励的制度安排来克服集体行动的困难（Todd，1992）。

此外，我国学者赵鼎新（2015）曾经从政治学角度定义集体行动，他认为，集体行动就是由许多个体参加的、具有很大自发性的体制外政治行为。

2.2.2　参与主体层面

社会需要维系秩序和价值，社会治理理念的提出，试图打破以往的社会统治和社会管理的层面，作为社会变革的归宿（张康之，2012），其目的是构筑一种崭新的社会和谐运行机制。这种新机制意味着政府不再是唯一的参与者，企业、社会组织、公民等多元主体会共同参与社会治理（吴庆华和祖晨阳，2012）。层级式政府管理的模式逐渐被多主体共同参与的协同治理模式所替代。在这个演变的过程中，各参与主体在社会治理中承担的角色必然会随之改变。

政府职能转变在这个演变的过程中占据主导地位（何颖，2010），政府职能转变的核心本质是政府由全能管理型政府向有限服务型政府进行转变（张康之，2012；张乾友，2014），更多地发挥领导和战略的职能。李睿莹和张希（2019）使用元治理理论分析地方政府的社会治理主体结构问题，他们认为，地方政府应当充当社会治理中最重要的"元治理者"角色。张乾友（2014）认为，政府在多元化社会治理阶段需要履行以下三个职能：一是政府要承担促进职能，而不能限制社会组织参与社会治理的过程；二是政府要承担服务的职能，而不是控制其他主体参与社会治理；三是政府要承担引导合作的职能，而不是与其他社会治理主体进行竞争。

企业作为社会治理的主体之一，其社会责任行为对于解决当前困扰中国企业发展当中所存在的经济社会问题（诚信、劳资纠纷、环境污染、社会公益等）具有重要的作用（Votaw，1975）。陆明远（2010）认为，社会责任作为消除企业经营外部性的一种新型途径，受企业的营利性市场机制不完善、法律制度不健全等多方面因素的制约，当前中国企业还难以有效地担负起社会责任。在这种情况下，通过发展社会组织来进一步促进和监督企业落实社会责任是一个有效的选择，通过培育公益性的专业社会组织，能够有效配合政府在维权、环保等方面的工作，加强企业社会责任的落实，实现企业由行政型向经济型转变。①

由于政府和企业具有内在的局限性，必然会在一定情况下发生政府失灵和市场失灵的现象，此时，社会组织作为政府和市场的补充和替代而存在。社会组织是重要的社会治理主体，其治理目标在于实现公平与效率的平衡（Ostrom，2005）。由于路径依赖，中国社会组织的发展一直处于政府的掌控之下，有明显的依附式自主的特征（Ying，2015）。政府的制度安排在其中发挥了主导作用，这种自上而下的力量远大于社会组织自身发展对于制度变迁的影响（王名和孙伟林，2011）。王诗宗和宋程成（2013）则从组织权力的延伸角度指出，政府有动力和能力将社会组织（如行业协会）纳入自身管理体制之下，使行业协会在行业内扮演政府的"代理人"，发挥规范市场秩序、构筑政府与企业间"桥梁"、应对贸易问题等作用，这导致社会组织对政府存在显著的制度性依附性。李睿莹和张希（2019）使用元治理理论分析了在多元主体参与的社会治理中的角色定位问题，他们认为，社会组织应该承担社会治理中的协调者角色。在社会治理框架下，随着共同治理观念的兴起以及政府职能的转变，社会组织从政府的依附单位转变为与政府平等的治理主体，实现由行政型向社会型的转变。

公民是社会治理中的另一重要参与主体，李睿莹和张希（2019）使用元治理理论分析了在多元主体参与的社会治理中的角色定位问题，他们认为，公民应该充当社会治理中的践行者的角色。从社会治理的现状来看，尽管当下公民参与社会治理的热情不断高涨，公民参与依然是极为薄弱的环节。李营（2018）认为，公民参与社会治理还存在以下两个方面的问题：一方面，没有明确的制度、规范或者专业组织指导公民的参与行为；另一方面，公民参与社会治理的渠道单一且不通畅。为此，李营（2018）认为，在后续社会治理中，应当尽快完善相关法律制度，开放公民参与社会治理的新渠道。此外，他还强调了公民参与主观意识的重要性。类似的，束锦（2018）也认为，公众参与社会治理应当制度化。同时，高斌（2018）认为，提升公民素质、培养公共意识、建立制度规则，是优化公众参与社会治理的可行途径。

---

① 中共中央　国务院印发《乡村振兴战略规划（2018 - 2022 年）》［EB/OL］. 新华社，2018 - 09 - 26.

2.2.3　机制设计层面

社会治理机制的目的是综合运用法、理、情三种手段解决社会问题、化解社会矛盾，促进政府、企业、社会组织和公民协同合作，最终实现社会和谐。改革开放以来，经过 40 多年的发展，中国的社会治理模式日渐开放、流动，"政府、社会、市场多元共治"模式逐渐取代"政府单一管制"的模式（谢勇和吴大华，2018）。尽管中国在社会治理模式改革创新方面已经取得了不少的成就，但从全局来看，中国社会治理目前整体上的制度安排依然不完善，与经济体制类似的目标、路径和体制也不太明确（李友梅，2018）。

从现有研究来看，学者们普遍认同政府职能转变的社会治理模式（张康之，2012；张乾友，2014），明确了各级政府的主要职能是社会管理和公共服务。何增科（2009）和吴玉敏（2011）认为，当前中国政府的职能体现出干预和协调的服务型特质。类似的，王磊和胡鞍钢（2010）认为，中国政府的决策职能更加倾向于非制度的决策职能，制度化的决策职能逐渐被取代。

同时，还有一部分学者致力于研究社会组织在社会治理中的作用，特别是基层社会组织参与社会治理的模式（吴青熹，2019；王志立，2019）。例如，在农村基层社会组织参与社会治理的研究中，杨守涛（2019）基于乡村振兴的战略背景，以 M 县为案例进行分析，着力于农村社会治理模式的创新研究，提出"群众会＋"的乡村治理模式。王睿涵（2018）围绕农村治理和发展问题，提出"能人治村"的乡村治理模式。而在城市基层社会组织参与社会治理的研究中，向德平和申可君（2013）则致力于从社区自治的角度出发，分析基层社会治理模式的重构问题，提出"小政府、大社会"的治理结构和服务型治理模式。

2.3　合作行为的相关研究

合作，特别是具有正外部性的社会合作，对于整个人类社会而言，会产生集体福利，但是相对于个体而言，却意味着牺牲个人资源。理解人类社会合作背后的认知过程对于突破社会困境至关重要。本节将从合作行为研究的信念视角和神经视角梳理合作行为的相关研究。

2.3.1 合作行为的信念机制

在基因无关的个体之间存在合作和社会秩序是行为科学的一个基本问题。生物学和经济学的主流观点认为，合作完全是一种利己行为——没有关系的个体只有在面临经济回报或制裁时才会合作，从而使合作成为一种利己选择。人类理性被认为是自明之理，因为人们总是追求自己的利益最大化。

由于对上述"理性人"言论的质疑，近年来，行为经济学家们对经济环境下的社会合作行为进行了大量的研究，他们的研究结果显示，亲社会行为、利他主义和更多一般意义上的利他偏好通常能够克服利己主义在指导人类决策中发挥重要的影响作用（Ashley et al.，2010）。从本质上说，这类研究都旨在捕捉社会环境对个人决策偏好的一些影响。

探究社会困境中影响参与人合作水平的内在驱动因素的研究大都属于此类（Fehr & Gächter，2000；Fischbacher et al.，2000）。偏好是行为的根源（Bowles，2006），合作偏好影响合作行为。在鲍尔斯看来，偏好是代表个体习惯、心理倾向、情感、承诺、处事方式等一系列特质的集合。当人们根据自身偏好采取行动时，往往不仅关注自身的行动，同时也会关注对方的行动。但是，在实际生活中，他人的行动通常是不可知的，这将造成结果的不确定性。个体需要揣测对方的可能的行动，基于此产生合作信念，然后作出自身的决策。从这个角度上讲，信念是一个人对行为和结果之间的关系的理解。当然，个体在合作过程中还需要彼此之间拥有信任，这种信任实质上是指对结果可能怎样，而且将会怎样发生的一个后验概率判断（Gambetta，1988；Yamagishi T. & Yamagishi M.，1994；Hardin，2001），特指对被信任者可信赖程度的预期，其本质上是一种信念。此外，也有学者通过信任模型的分析，认为信任是一个信念问题（Mayer et al.，1995；Cox，2004）。

在一个多方博弈中，根据参与主体合作信念的特征，可以分为三个方面：关于自我属性的信念、关于他人行为的信念和关于自然状态的信念。其中关于他人行为的信念主要集中在博弈论研究中，尤其是经典博弈中，如公共物品博弈。在现有的研究当中，大量的学者采用公共物品博弈的框架研究社会合作信念对于合作水平的影响。

吉纳科普洛斯（Geanakoplos，1989）最先开始将社会合作信念纳入社会合作参与人的收益函数中，考察信念对于社会合作水平的影响。此后，有研究发现，在公共物品博弈刻画的社会困境中，合作者的贡献量与其自身对他人贡献量的信念呈现正相关关系（Fischbacher，2001）。沿着上述发现的研究思路，有学者将公共物品困境（public goods dilemmas）中的参与人分为不同类型，他们的研究发现，个体对同伴合作与否会持有乐观或悲观两种截然不同的信念，这些先验信念上的差异会导致个体合作行为的差异（Chaudhuri et al.，2017）。

除此之外，还有大量学者使用自我汇报的方式研究公共物品博弈中合作行为的信念。学者在一项公共物品实验中发现，个体自我报告的有关公平、乐于助人和信任陌生人的合作信念对个体的公共物品贡献量有积极并且显著的影响（Gächter，2004）。这意味着，公共物品情境下的贡献决策需要对他人的合作能力有一定的信任。也就是说，此类信任与个体对他人合作的信念有关（Mellor，2004；Leonard et al.，2010）。索恩（Thoni et al.，2012）通过实验室实验，发现自我报告的合作信念在很大程度上提升了公共物品贡献量，即参与人的合作水平取决于参与人对其同伴行为和信念的信念。同样的，有学者的研究结果表明，合作（非合作）信念对于合作效果的影响对于那些在上一轮中选择合作（非合作）个体自身而言是同样显著的（Nishi，2016）。

当然，也有学者使用信任博弈模型探索合作信念与合作水平的关系。例如，克歇尔等（Kocher et al.，2015）的研究发现，信任博弈所引发的对他人贡献量的信念与公益贡献量显著相关。也有学者提出制度信念，强调信念在社会政策的执行以及相应制度形成过程中的重要作用，他认为，制度的本质就是经济交往模式的信念体系的组合（North，2005）。

2.3.2 合作行为的神经机制

人类是唯一一种在基因无关的个体之间进行大规模稳定合作的物种。人类社会这种广泛存在的合作源于人类所特有的认知能力，这种认知能力允许人类建立、传播和执行社会规范，进而表现出合作行为（Fehr & Fischbacher，2004）。社会规范一直被当作"黑匣子"用以解释人类非理性的合作行为（Ruff et al.，2013；Sanfey et al.，2014）。甚至，直到 20 世纪 40 年代，萨缪尔森（Samuelson，1947）还认为人类能观察到的只是行为。随着神经科学的迅速发展，fMRI、tDCS 等技术的成熟使得揭示人类直观表现出来的可观测的合作行为和大脑运作下的行为编码之间的联系成为可能，从神经元层面揭开合作行为的神秘面纱。在现有的神经研究当中，学者们主要致力于探索个体作出行为决策时大脑的内部机理。

社会困境中个体决策时会运用三种加工机制：第一类是奖赏依赖加工，第二类是认知控制加工，第三类是社会认知加工（Declerck et al.，2013）。窦凯和聂衍刚（2017）总结了大量脑神经科学研究，将上述三种心理加工过程的作用机理归纳为概念模型，如图 2.1 所示。合作动机在中脑缘（mesolimbic）的奖赏加工系统中产生（John，2004），该系统主要负责加工奖赏来源信息，纹状体（corpus striatum）和腹内侧前额叶皮层（ventromedial prefrontal cortex）评估收益能否达到预期（Arora et al.，2012），它受到两个系统的调节：认知控制系统负责监控和解决社会困境中的混合动机冲突，背侧前扣带回（dorsal anterior cingulate cortex）和腹外侧前额叶皮层（ventrolateral prefrontal cortex）抑制利益诱惑；社会认知系统负责洞察互动博弈中他人的心理状态，内侧前额叶皮层（medial prefrontal cortex）、颞顶联合区（temporo-parietal junction）和杏仁核（amygdaloid nucleus）识别信任或威胁信号。

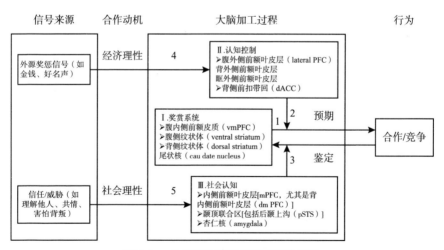

图 2.1 合作行为神经机制的概念模型

资料来源：窦凯，聂衍刚. 合作行为的神经机制及研究展望 [J]. 广州大学学报（社会科学版），2017，16（12）：41–48.

在现有的研究当中，人类社会通常通过惩罚、制裁社会困境中的不合作者以维系社会合作（Lindbeck，1997；Knoch et al.，2008；Gamst，2010；Eriksson et al.，2017）。大量学者证明，大脑的 DLPFC 区域与社会合作行为有关（Aron et al.，2014；Hardung et al.，2017）。例如，斯皮兹等（Spitzer et al.，2007）使用 fMRI 的方法，研究社会合作背后的神经回路。他们的研究结果发现，当存在惩罚可能时，社会成员的社会合作水平会提升，并且这与 DLPFC 脑区的激活呈正相关（图 2.2 A 中浅色区域）。与他们的研究结果一致，有学者使用最后通牒博弈探究人类社会合作背后的认知机制时发现，fMRI 的结果显示 DLPFC 脑区与社会合作水平相关（Sanfey et al.，2007）。

Punishment minus Control

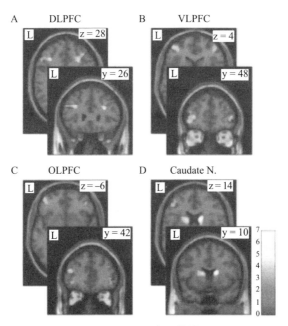

图 2.2 DLPFC 脑区激活展示

资料来源：Spitzer M.，Fischbacher U.，Bärbel Herrnberger，et al. The Neural Signature of Social Norm Compliance［J］. Neuron，2007，56（1）：185 - 196.

除此之外，也有学者使用非侵入性脑刺激的手段研究脑区与社会困境中合作行为的关系。其中，拉夫等（Ruff et al.，2013）继续沿用前述研究的实验框架，使用 tDCS 技术改变 DLPFC 脑区的兴奋性，检验 DLPFC 脑区的活跃性与合作水平的关系。他们的研究结果发现（见图 2.3），与虚拟刺激设置相对照，阳极和阴极 tDCS 刺激设置中参与人的合作行为发生改变。同样的，也有学者（Wout et al. , 2005；Yin et al. , 2017）使用 tDCS 干扰 DLPFC 脑区的活跃性后发现，当 DLPFC 脑区的活性降低、动能受到抑制时，可以降低不合作行为的发生率。上述研究均表明，DLPFC 脑区是管控社会合作的重要神经基础。

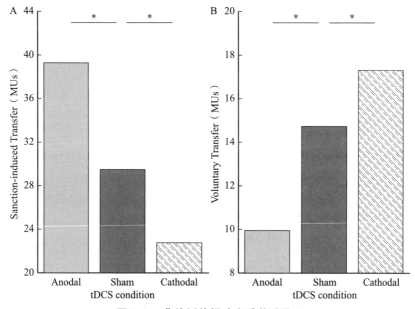

图 2.3　背外侧前额叶皮质激活展示

资料来源：Ruff C. C. , Ugazio G. , Fehr E. Changing Social Norm Compliance with Noninvasive Brain Stimulation ［J］. Science, 2013, 342 (6157)：482 – 484.

　　信念则是参与人对其他参与人行动策略集的认识（李建标和李朝阳，2013）。合作信念源于对他人社会合作行为意图的感知，是指导人们在社会合作中的行为的参照点。人们的社会合作行为被认为强烈依赖于合作规范执行下负责调节和协调思想以及动机的合作信念。按照这个研究脉络，在现有研究中，也有学者尝试在社会合作神经机制的基础上解读社会合作信念的神经机制。例如，拉夫等（Ruff et al. , 2013）测量了社会信念，该研究将参与人获得的公平待遇和预期的惩罚定义为信念。在他们的研究中，参与人（A）有权利决定与另一参与人（B）分享固定数量的初始资金，参与人（A）的行为可以被参与人（B）观察到。他们的实验分为两个设置：基准设置和惩罚设置。这两个设置之间的核心区别是：如果参与人（B）认为参与人（A）分享给自己的金额不公平，在基准设置条件下，参与人（B）不能惩罚参与人（A），但是在惩罚的条件下，参与人（B）被赋予惩罚参与人（A）的权利。遗憾的是，他们的研究结果中并未发现支持合作信念的神经机制。

2.4　社会困境的相关研究

根据陈家刚（2012）、戚学祥和钟红（2014）等学者的观点，社会治理是指政府、社会组织、企业以及公民个人等行为主体，通过平等的协作关系，依法对社会事务、社会组织和社会生活进行规范和管理，最终实现提供公共物品和配置公共资源过程中社会利益的最大化。因此，社会治理本质上是为了解决社会困境问题。埃莉诺·奥斯特罗姆（Ostrom，1998）认为，社会困境之所以存在，是因为相互依赖的决策环境造成个体短视，即个体决策仅基于短期自身利益最大化的考量，进而导致集体福利非最优。据此，本节将主要以公共物品博弈困境为主线梳理社会困境的相关研究。首先，介绍社会困境的基础理论；其次，梳理社会困境治理的相关研究，主要从参与个体的内在因素和治理的外部机制两个方面展开。

2.4.1　社会困境的基础理论

社会困境折射了现代社会所面临的、威胁人类生存与社会安定的诸多问题，如人口过多、资源减少、环境污染等（李颖等，2014）。形式多样的社会困境被赋予多样化的名称，例如，公共物品或集体物品问题等（Samuelson，1955；Olson，1965；Hardin，1982）。

社会困境按照参与人的数量不同，主要划分为两类。一类是以囚徒困境为代表的涉及两个人的社会困境，如囚徒困境、猎鹿博弈（staghunt）（Skeyrms，2003）；另一类是以公共物品困境（Samuelson，1954；

Olson，1965）和公地悲剧（Hardin，1982）为代表的涉及多人的社会困境（Kollock，1998）。

姚莉（2007）认为，社会困境中存在三种竞争合作模式，分别为零和博弈模式、零差博弈模式和混合动机模式，无论是零和博弈模式还是零差博弈模式，两者相对于混合动机模式而言，在日常社会生活中并不普遍。从这个意义上讲，社会合作困境实质上是一种具有混合动机模式的社会情境（刘长江和邓诗懿，2009）。

相对应地，社会困境的治理方式根据是否假设参与人自我中心以及社会困境中情境的结构是否可以改变而被分为动机性、战略性和结构性三类（刘长江和邓诗懿，2009）。其中，动机性方式假设行动者并非完全的自我中心，战略性方式假设参与者是利己主义者。这两类解决方案都不涉及改变合作博弈设置的基本结构和规则，而结构性方式涉及改变博弈规则。

众多学者关注于社会困境中的个体博弈行为，研究成果包括但不仅限于理性选择理论（rational choice theory）、相互依赖理论（interdependence theory）、生物进化理论（biological evolution theory）等多种博弈决策理论模型。

1. 理性选择理论

理性选择理论主要包括期望效用理论（expected utility theory）和纳什均衡理论（nash equilibrium theory）。其中，期望效应理论建立在"经济人"和"理性人"的严格假定之上，认为个体总是依照自身效用最大化的原则进行决策。理性人总是倾向于在众多的选择中集中选择最优策略。纳什均衡理论则定义了一项策略集合，这种集合是个体在与他人博弈过程中产生的特定选择集（收益不会因为个体行为的改变而改变）。纳什均衡理论认为，个体都是在完全理性的情况下追求自身利益最大化，确定一方策略时，选择自身的最优策略（吴德琴，2001）。

2. 相互依赖理论

相互依赖理论属于认知转换理论。相互依赖理论作为社会心理学的经典理论之一，涉及广泛的经典主题，如依赖与权力、规则与规范以及协调与合作等（Hare et al.，1959）。有学者对这一理论做了全面的阐述，使研究人员能够分析诸如归因和自我表现、信任和不信任、爱和承诺、冲突和沟通、风险和自我调节等主题（Kelley & Thibaut，1978）。

相互依赖理论试图通过提出理解社会互动的概念框架来捕捉社会生活的本质。有学者将相互依赖理论涵盖的人际情境归纳为六个维度，即水平依赖（level of dependence）、相互关系依赖（mutuality of dependence）、依赖的基础（basis of dependence）、共同性利益（covariation of interests）、暂时性结构（temporal structure）和确定性信息（information availability），重点讨论了以下四个方面的问题：（1）评价6个维度的相互作用和关系；（2）从相互依赖程度和相互依赖基础与相互依赖结果的对应关系等方面分析相互依赖的模式；（3）习惯性转变倾向，包括性情、特定关系动机和社会规范；（4）认知、情感和自我表现（Van Lange & Balliet，2012）。相互依赖理论通过对情境结构的全面分析，确定了人际情境最重要的特征（Kelley et al.，2003）。

3. 生物进化理论

生物进化理论主要包括亲缘选择理论（kin selection theory）和互惠理论（reciprocal theory）。亲缘选择理论建立在基因传承的基础上，该理论认为，相比于基因无关的人，个体更加倾向于帮助与自己有血缘关系的人（谢文澜等，2013）。并且，该理论认为，亲缘的距离与帮助的自愿性成反比，即亲缘越近（远）帮助意愿性越强烈（弱化）。互惠理论根据互惠的动机可以分为弱互惠理论（weak reciprocal theory）和强互惠理论（strong reciprocal theory）（Lehmann & Keller，2006）。弱互惠理论又可以分为直接互惠（又称为互惠利他）和间接互惠。互惠双方直接相关时（如"你帮助我，我帮助你"），属于直接互惠。间接相关时（如"你帮助他，他帮助我"），属于间接互惠。但无论是直接互惠还是间接互惠，都存在使自己也能获得同样或者类似帮助的目的。当不计较自身能否获得帮助（富有牺牲精神）、任何情况下都依然愿意同其他个体合作时产生的互惠称为强互惠，这是人类社会中合作能够普遍存在的根源所在（韦倩，2011）。

41

4. 神经科学领域的研究进展

关于社会困境的研究并没有止步于此。随着神经科学的发展，受益于越来越丰富的神经研究手段，大量的学者得以对社会合作困境背后的神经机制展开深入的研究。例如，埃蒙德等（Emonds et al.，2012）利用 fMRI 研究认知需求决策，实验中使用两种类型的合作博弈：囚徒困境博弈（存在"搭便车"的诱惑）和猎鹿博弈（没有占主导地位的反应），通过对比这两种类型的合作博弈中不同的激励结构所引起的脑激活区域的差异，揭示相关的神经生理机制。在他们的实验中，囚徒困境情境下自我利益和集体利益之间存在更大的冲突，因此参与者需要耗费更多的心智资源推断他人的意图，进而需要更高的计算能力去获得最优解。研究结果表明，囚徒困境情境下，扣带回前部、前额叶皮质、顶叶和颞顶叶交界处的活动增强。而在猎鹿博弈中，由于冲突较少，对计算能力和心智资源的要求降低，相应脑区的活跃性没有明显增强，但参与者之间的协作水平显著提高。德克莱克等（Declerck et al.，2013）研究发现，社会困境中合作的动机是由大脑中的奖赏系统（包括纹状体和腹内侧前额叶皮层）产生，该系统可以调节两种神经网络：一种是负责处理外在的合作激励的认知控制系统（集中在腹外侧前额叶皮层），另一种是负责处理信任的信号的社会认知系统（包括颞上沟、前内侧额叶皮层和杏仁核）。

上述研究都聚焦于个体利益与集体利益的冲突。由于个体利益与集体利益的冲突在日常生活中无处不在，为了阐述个体利益和集体利益发生冲突时个体所面对的困境，研究者们从经济学、社会学和心理学的角度，发展出了社会困境理论，该理论为人们在更高层次上理解决策困境提供了一个具有启发性的框架。本研究认为，既然社会治理问题与经济学中的公共物品供给不足的困境高度相似，两者都是为了提升社会成员（或参与人）之间的合作水平。这意味着，参与人提升在公共物品中的贡献量，与参与人提升在社会困境中的合作水平，在本质上是相同的。那么，在现有的可用于研究社会困境的经济模型中，公共物品博弈模型也就成为匹配最为契合的经济模型。在经济人自利假设条件下，"搭便车"策略始终是公共物品博弈中参与人实现个人利益最大化的占优策略，这注定了公共物品私人供给的无效性和政府供给的必然性。在社会困境问题的研究中，学者主要从外部机制的督促视角和行为人自愿合作的内部视角（主要是指个体异质性偏好，包括社会偏好和自利偏好两类），两个研究视角探索公共物品困境的问题（Marwell & Ames，1979；Kim et al.，1984；Andreoni，1988）。

2.4.2　社会困境治理的内在因素

公共物品中的"搭便车"行为一方面肯定会存在，但是另一方面，又肯定与传统的经济理论预测不符（周业安和宋紫峰，2008）。大量的公共物品实验研究表明，在公共物品博弈实验中，参与人实际的合作水平或贡献量通常介于其所拥有的初始禀赋的 40% ~ 60%（Anderson & Putterman，2006；Chaudhuri et al.，2017）。

有学者利用实验室实验，从参与人交互合作的互动动机出发，对上述现象进行了解释（Fehr & Gächter，2001）。他们认为，个体参与者本身具有不平等厌恶，即使存在"搭便车"的机会，参与人在公共物品实验中的捐赠量不会全部为零。陈叶烽（2009）、艾希莉等（Ashley et al.，2010）、宋紫峰等（2011）学者也有相同的发现，他们认为，差异厌恶偏好可以显著影响公共物品博弈中个体的合作水平。

除此之外，也有学者从条件合作的视角分析了上述问题。例如，有研究发现，在一个存在多方合作的公共物品博弈中，参与人的贡献量往往取决于其合作伙伴的贡献量，也就是说，参与人的投资决策会依附于群体成员的平均贡献量，将他人的收益状况或者行为动机纳入考虑范围，而不仅是受到自利偏好下"搭便车"动机的驱动（Fischbacher et al.，2000）。

类似的，有学者将两阶段公共品博弈中的参与人划分为"搭便车"者、条件合作者、倒"U"型合作者等，同时使用策略性方法探索个体自身合作量的影响因素，他们发现，50%以上的条件合作者的自身贡献量与其合作伙伴的贡献量正相关（Fischbacher et al.，2001）。国内学者汪崇金等（2012）、聂左岭和汪崇金（2013）、周业安等（2013）在公共物品博弈的实验研究中得出了同样的结论。

在此研究的基础上，有学者研究了边际人均回报率（marginal per capita return）对条件合作的影响（Cartwright & Lovett，2014）。他们考察了 0.2、0.4 和 0.8 边际人均回报率的作用，经过对比实验分析发现，在上述三种边际人均回报率的设置中，条件合作者总是存在的。

上述研究中，驱动行为主体作出合作决策的偏好主要为社会偏好。社会偏好的存在推翻了传统经济学中的自利人假设。在公共物品博弈中，社会偏好和自利偏好都对个体的最终投资决策具有影响。

当然，也有研究从行为主体偏好中的风险偏好视角研究公共物品的贡献量问题。最具有代表性的研究是卡尼曼（Kahneman，1979）和特沃斯基（Tversky，1979）提出的风险决策框架，即前景理论。他们认为，风险偏好主要服务于行为主体应对风险和不确定性，而对待风险的态度往往取决于框架和参照点。

除了上述个体行为的内在偏好以外，还有学者从参与者自身的情绪（emotion）和社会价值取向（social value orientation）两个方面探索可以改善社会困境的内在因素。例如，有学者研究发现，情绪对社会困境中的合作具有重要影响，特别是自尊合作行为的引导作用提升了社会合作水平（Gruber et al.，2011；Dorfman et al.，2014）。巴利斯塔等（Balliet et al.，2009）使用给予游戏（give-some）和索取游戏（take-some）两种框架探讨社会价值取向的作用。研究结果发现，在给予游戏和索取游戏中，社会价值取向对社会困境中的合作行为的影响并不相同，尽管两者都存在显著效应量（effect size），但是，前者的效应量比后者的效应量更大。类似的，有学者通过分析个体亲社会的、个人主义的和竞争导向的等社会价值取向对社会困境中合作行为的影响，研究结果与假设相一致，即社会价值取向是社会困境中个体行为的重要变量（Van et al.，2011）。

此外，也有学者探讨了互惠偏好在公共品博弈中的具体作用，他们使用重复公共贡献博弈模拟了两种类型的参与者，即条件合作者和自利合作者之间的交互合作的规律（Ambrus & Pathak，2011）。

2.4.3 社会困境治理的外部机制

上述关于内在驱动因素的研究主要关注社会困境中参与人自身异质性的社会偏好和情绪、社会价值倾向、互惠等个体私有特质。此类基于对公共物品博弈中个体自愿合作水平的影响因素（利他、互惠、不平等厌恶等）的挖掘和分析，可以内在地为现实公共物品的供给难题提供解决思路。

除此类研究之外，也有大量的学者致力于开发可以通过提升公共物品供给量解决公共物品博弈中社会困境的外在机制。其中，惩罚机制是提升公共物品供给的重要机制。有研究发现利用有限重复的公共物品博弈，比较自愿惩罚和奖励的效果与动机（Choi & Ahn，2013）。他们的实验结果表明，当团队合作成员的分组保持不变时（即固定分组），惩罚与奖励对于参与人在博弈困境中合作程度的影响没有差异，当团队成员分组随机变化时（即随机分组），惩罚比奖励更能提升公共物品的贡献量。有学者扩展了近年来关于线性公共物品博弈中不完全惩罚的研究，他们使用一个外生网络来监控和设置惩罚，对比完整网络（the complete network）和圆形网络（the circle network）两种条件下参与人的合作行为（Boosey & Isaac，2016）。他们的研究结果发现，当监控不足时，参与人对先前的惩罚进行报复的频率明显高于群体中的其他人，惩罚制度的有效性被抑制和分散。类似的，有学者通过实验发现，暴露出自私或贪婪意图的惩罚会几乎完全摧毁利他主义的合作，而被视为公平的惩罚则使利他主义完好无损（Fehr & Rockenbach，2003）。有学者的研究进一步验证了惩罚的部分有效性，在他们的研究中，通过对俄罗斯的 566 名参与者进行的有（无）惩罚的公共物品实验对照试验，研究结果发现，惩罚没有增强合作的效果（Gächter & Herrmann，2011）。如果反社会惩罚是可能的，那么增加惩罚并不会促进强制性或自愿性公共物品博弈中的合作（Hauser et al.，2014）。上述这类研究证明，惩罚的性质对人类利他主义存在不同影响。

学者们的研究还发现，信息结构会影响社会困境中的合作行为（胡卫鹏等，2005），沟通机制也可以提升公共物品博弈困境中个体的供给水平。帕尔弗里等（Palfrey et al.，2015）采用贝叶斯机制设计实验，研究了阈值公共物品博弈中沟通的影响。在他们的实验中，考察了三种不同的通信结构：一是二进制消息的同步交换；二是更大的有限数字消息空间；三是无限制的文本聊天。他们的研究结果显示，只有在参与者进行不受限制的文本聊天时，合作的效率才会显著提高。

与帕尔弗里等的研究结论不同，有学者研究发现，即使在没有策略考虑的情况下，单向沟通也是有效的（Koukoumelis et al.，2012）。上述研究同样使用实验的方法来研究文字引导的力量，即考察上下文为单向通信的自愿捐款机制的效率。在他们的实验中，一个参与人可以向他的同伴发送一条自由格式的短信。他们的研究发现，与人们普遍接受的"交流具有促进合作的效果"的观点相反，该研究发现，单向交流的引入大大增加了贡献，减少了贡献的变化。

此外，还有学者探索了沟通机制和惩罚机制的共同影响。例如，有学者比较了三种形式的交流方式和惩罚对公共物品贡献的影响（Bochet et al.，2006）。他们的研究结果与先前的研究结果基本一致，面对面的交流有很强的提升公共物品供给的效果。但令人惊讶的是，通过聊天室进行的匿名、不带面部表情的口头交流几乎同样有效。此外，他们还发现，通过计算机终端的数字通信对公共物品贡献量几乎没有影响。并且，在实验的早期阶段，惩罚可以增加公共物品贡献量提升合作效率，但由于惩罚存在成本，与三种沟通机制相比，惩罚对贡献量的净影响很小。

也有学者比较了沟通和可见性的作用，他们设计了一个在虚拟世界环境和抽象计算机环境下的公共物品实验室实验，每个环境都有或没有通信和可见性，以研究通信和可见性如何影响其他参与者对公共物品的个人贡献（Haruvy et al.，2017）。在这两种环境中，交流的存在显著、持续地改善了公共物品的贡献量。然而，通信和可见性之间的交互在这两个环境中是不同的。虽然这两个方面都是抽象电脑化环境的替代品，它们以一种互补的方式在虚拟世界环境中增加公共物品的贡献。通过对聊天内容的分析发现，正面强化和监控对合作有正面影响，但异议有负面影响。

与沟通机制和惩罚机制的正向作用类似，信息反馈对社会困境中多人动态博弈的合作行为存在影响（Pillutla & Chen，1999；严进，2003；何贵兵，2004），其中在何贵兵的研究中，将信息反馈划分为群体反馈和个人反馈两种形式，他的研究结果表明，群体反馈对合作行为的促进作用大于个体反馈。奥斯特罗姆（Ostrom，1998）研究发现，建立互惠、声誉和信任有助于克服短期私利的强烈诱惑的条件来获得"优于理性"的合作结果。也有学者研究发现，如果在社会困境中建立稳定的互惠机制，不论是参与主体之间的间接互惠（indirect reciprocity）还是参与主体之间的直接互惠（direct reciprocity），都会对社会困境中的合作行为产生影响（Klapwijk & VanLange，2009）。帕克斯等（Parks et al.，2003）研究了回溯性思维（retrospection）对未来社会困境中合作的影响之后发现，回溯性思维会影响社会困境中的合作水平，这说明决策框架可以影响个体的决策行为。

2.5　文　献　述　评

2.5.1　现有研究进展

本研究通过对相关理论和文献的梳理发现，相关主题的研究进展存在以下三个方面的特点。

1. 社会治理的相关研究方面

当前社会治理领域中的研究主要围绕三个主题展开，即理论层面的社会治理基础理论研究、参与主体层面的社会治理主体研究、制度层面的社会治理机制研究。其中，社会治理理论基础研究主题下的系列研究，明确了宏观和历史视角下国家和社会关系的模式及其转型；社会治理主体研究主题下的系列研究，主要是运用新制度经济学的分析方法，强调自主自治不可替代的作用；制度层面社会治理机制的研究主题下的系列研究，探索了基层社会组织参与社会治理视角下农村村委会自治、城市社区自治等问题。

上述三个主题的理论研究，对于社会治理领域的改革和发展有着重要作用，同时也为从个体行为视角对社会治理的微观基础进行研究提供理论基础。然而，社会治理中多主体交互合作的微观基础尚不清晰。

中国社会正处于由同质的单一性社会转变为异质的多元性社会的转型期（高红和朴贞子，2012），不同社会成员的利益冲突和矛盾日益凸显，社会利益逐渐分层，社会问题多元化亟待解决（王诗宗和宋程成，2013）。为应对急剧变化的社会结构和越来越复杂的社会利益格局，不同治理主体（即政府、企业、社会组织及公民）之间需要形成良好有序的互动合作的关系。厘清社会治理中多主体交互合作行为的微观基础，则是实现上述合作关系的第一步。

由于社会治理不能"实验"，传统的研究方法（如实证研究方法）不能达到上述目的，这就需要借助实验室实验研究的方法，将社会治理中多主体的行为交互场景映射到实验场景中，抽象为社会治理的微观系统，模拟多主体交互合作的行为，进而厘清合作行为的微观基础。

2. 合作行为的相关研究方面

关于合作信念的研究中，学者们发现，关于他人的合作信念在合作博弈中十分重要，个体对于自身信念的更新影响合作水平。同时，现有神经科学的研究已经证明，DLPFC 脑区是指导社会合作行为（有惩罚时）的重要脑区。这类研究对于社会治理中的合作机制设计具有良好的借鉴意义，为本研究提供了重要的逻辑起点和理论分析支持。

但是，现在关于合作信念影响合作行为的研究中，大都只是关注了关于他人的合作信念对于合作行为的影响，其他种类的合作信念鲜有涉及。然而，日常生活中的合作困境通常不是只有两方参与人。多方博弈的参与人在交互合作当中直接产生的不同类型合作信念对合作行为的影响有待进一步深入分析。

同时，现有的探讨维系社会合作的神经机制的研究大多基于最后通牒博弈所刻画的社会困境。在最后通牒博弈中有提议者和回应者两种角色。提议者决定与回应者以怎样的方案分配初始资金，回应者可以接受该提议，但如果他（她）认为该提议不利于社会合作，则可以拒绝该提议（Ruff et al.，2013；Sanfey et al.，2014）。这种框架与社会治理中多主体交互合作的匹配不够契合。现有关于合作行为的神经研究中，基于公共物品博弈刻画的社会困境中的自愿性社会合作的神经机制并没有被涵盖在内，基于公共物品博弈的社会合作框架以及相关合作信念的神经机制有待明晰。尽管拉夫等（Ruff et al.，2013）也曾经尝试解释合作信念的神经机制，但由于在他们的研究中并没有单独测量信念，同时也没有直接评估参与人在每种设置条件下的信念，所以并没有直接证明合作信念的神经机制（Sanfey et al.，2014）。因此，关于合作信念的深层神经机制仍然存在争议，有待进一步明晰。

本研究致力于探索合作行为的微观基础，在厘清行为层面上的信念（关于自我的合作信念、关于他人的合作信念和关于群体的合作信念）

基础后，进一步挖掘合作行为的神经基础。由于本研究在分析社会治理中的合作困境问题时选用公共物品博弈，因此本研究中对合作行为神经机制的探索恰好可以为现有研究框架提供补充，也可以为合作信念的深层神经机制提供有关证据。

3. 社会困境的相关研究方面

当前关于社会困境的有关研究结论表明：一方面，基于对公共物品自愿合作水平影响因素（利他、互惠、不平等厌恶等）的挖掘和分析，可以内在地为现实公共物品的供给难题和改善社会困境提供解决思路；另一方面，惩罚机制、沟通、信息反馈等外在机制也可以促进公共物品合作水平的提升。然而，本研究梳理发现，已有的研究大都将"自我内因"和"机制外因"分割开来。在公共物品刻画的社会困境的相关研究中，现有的文献要么考察行为人自愿合作的内部驱动因素，要么研究外部惩罚或者监督机制、沟通、信息反馈机制等的督促作用，内部驱动和外部驱动相结合的文献相对较少。尽管现有的这些提升公共物品贡献量的研究对于改善社会困境具有重要启发作用，也为本研究述及的实验研究提供了框架依据，但是，外在机制与参与人的内在偏好发生互动，进而影响社会困境中的合作水平的证据，还有待进一步拓展。

同时，传统的机制设计通常以"理性人"和"经济人"假设为前提，并依靠强制力或者经济利益驱动力确保实施。但是，行为经济学等相关学科的研究发现，在社会中，人们的决策行为并不总是符合理性人假设，更多的时候表现为"行为人"（张书维，2016；李纾，2016）。人格、社会、文化等软要素也会影响人们的决策行为（胡鞍钢，2016），只有结合内在行为微观特征和外在环境因素进行制度设计，才有可能保证机制的有效性（White & Ben，2015；杭承政，2017）。

本书致力于探索社会困境治理中的助推机制，即基于合作行为的微观基础设计可以改善社会困境的治理机制。该助推机制可以拓展外在机制与参与人的内在偏好发生互动的有关研究。

2.5.2 现有研究空间

基于上述研究背景，通过对研究现状的综合分析，本研究提出了

"社会困境治理的助推机制"这一研究主题，旨在从微观层面上为社会治理提供制度启示。在已有研究成果的基础上，首先，基于公共物品博弈的框架，使用行为实验的方法，探讨社会困境中合作行为的信念基础；其次，借助 tDCS 技术调节 DLPFC 脑区的兴奋性，使用神经实验的方法，解析社会困境中合作行为的神经基础；最后，基于行为层面和神经层面上的研究结论，从机制设计层面，开发提升社会困境中合作水平的助推机制，并挖掘助推机制发挥作用的内在机理。

综上所述，给出社会困境治理的助推机制研究的分析框架，具体内容如下所示。

合作，特别是具有正外部性的社会合作，对于整个人类社会而言会产生集体福利，但是对于个体而言却意味着牺牲个人资源。然而，即便如此，具有正外部性特征的合作行为在人类社会中仍然广泛存在。例如，社会治理中的合作就具有鲜明的正外部性——每一位社会成员在享有社会治理成果的同时也都存在规避社会治理成本的动机。这种现实状况给社会科学和自然科学提出了一个人类进化难题。理解人类合作行为的微观基础将有助于解决这个难题。社会困境通常用合作博弈进行刻画，公共物品博弈是比较常见的一种。在公共物品博弈情境下，参与人自身的贡献决策，与他对同伴的合作能力的信任具有一定的关系。有学者一致认为，这种信任必然与参与个体对他人合作的信念有关（Mellor et al.，2004；Leonard et al.，2010）。信念水平决定合作水平（Thöni et al.，2012；Kocher et al.，2015；Nishi et al.，2016）。此外，吉纳科普洛斯等（Geanakoplos et al.，1989）提出的心理博弈理论（psychological game theory），已经将社会合作信念纳入社会合作参与人的收益函数中。这些研究都证明，合作信念对于社会困境中的合作行为具有重要影响。由此，本研究将社会困境中多方参与主体交互合作过程中直接产生的合作信念作为整体研究的逻辑起点。

基于合作信念的逻辑起点，本研究的重点内容具体包括以下三个方面。

1. 社会困境中合作行为的信念基础

本部分使用行为实验的研究方法，基于公共物品博弈的基本框架，从关于自我的合作信念、关于他人的合作信念和关于群体的合作信念三个维度，解构个体利益最大化和群体利益最大化存在冲突的社会困境中人们的合作行为，剖析社会成员之间的合作信念对社会合作水平的影响，进而厘清社会困境中合作行为的信念基础，为后续机制设计提供行为科学的依据。

2. 社会困境中合作行为的神经基础

本部分使用神经实验的研究方法，运用 tDCS 技术，分别检验了DLPFC 脑区与社会困境中关于自我的合作信念、关于他人的合作信念和关于群体的合作信念的关系，展现 DLPFC 脑区与社会困境中合作信念的因果关系，进而揭示社会困境中合作行为的神经基础，为后续机制设计提供神经科学的依据。

3. 社会困境中合作行为的助推机制

本部分使用比较制度实验研究的方法，以社会困境中合作行为的信念基础和神经基础为依据，通过实验室构造出不同的决策环境，在基准实验的基础上嵌套他省和自省规则进行研究，按照评判引导式的他省和内省式的自省规则，建立评价语句库，考察自省和他省机制对社会困境中合作行为的助推作用，并探索两种外部助推机制与社会成员内部合作信念的互动机理，探索社会困境治理的助推机制。

基于以上分析，得出本书核心章节的逻辑框架，如图 2.4 所示。

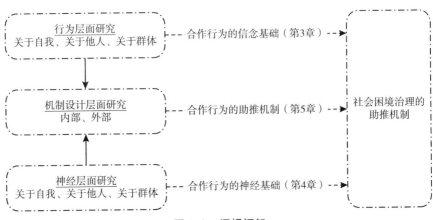

图 2.4　逻辑框架

2.6　本章小结

本章启动"社会困境治理的助推机制"这一主题的研究。首先，本章界定了本研究的四个核心概念，即社会治理、社会困境、助推机制和合作信念。其次，在综述社会治理相关研究的基础上，明晰现有研究脉络，确立了研究契机。再次，本章聚焦于合作行为的相关研究，从社会成员交互合作的微观基础视角，对合作行为领域的研究从信念视角和神经视角进行综述，为后续研究视角和理论方法的切入提供依据。最后，本章回顾了社会困境的相关研究，为本研究探讨的主要问题奠定实验设计的框架基础。

基于以上的研究梳理工作，本章发现已有研究存在三个方面的特点：（1）当前社会治理领域中的研究主要围绕理论层面的社会治理基础理论研究、参与主体层面的社会治理主体研究及制度层面的社会治理机制研究三个主题展开，社会治理研究成果多集中于宏观层面，社会治理的微观基础尚不清晰；（2）现在关于合作信念影响合作行为的研究中，大都只是关注了关于他人的合作信念对于合作行为的影响，其他种类的合作信念鲜有涉及，多方博弈时直接产生的不同类型的合作信念对合作行为的影响有待进一步深入分析，同时，现有探讨维系社会合作的神经机制的研究大多基于最后通牒博弈框架，公共物品博弈框架下合作行为的神经机制以及相关合作信念的神经机制有待明晰；（3）在社会困境的相关研究中，现有的文献要么考察行为人自愿合作的内部驱动因素，要么研究惩罚、沟通、信息反馈机制等外部机制的督促作用，内部驱动和外部驱动相结合的文献相对较少。

本章的重点工作是，在梳理总结现有研究进展的情况下，指出研究空间，即在现有研究空间中，以合作信念为逻辑起点，开展以下三个方面的研究工作：一是社会困境中合作行为的信念基础，这方面的研究工作是为后续机制设计提供行为科学的依据；二是社会困境中合作行为的神经基础，这方面的研究工作是为后续机制设计提供神经科学的依据；三是社会困境中合作行为的助推机制，这方面的研究工作是为社会治理改革提供制度启示。

　　以上三个方面的研究结果构成了本研究核心章节的逻辑框架。在本研究的逻辑框架中，第 3 章和第 4 章是探讨社会困境中合作行为的微观基础的基础性研究工作，第 5 章是在第 3 章、第 4 章研究结论的基础上探索社会困境中合作行为的助推机制。至此，确定了后续章节的逻辑关系。

第3章 合作行为的信念基础研究

本章以合作信念为逻辑起点设计行为实验，关注决策者在社会合作困境中对自我、他人和群体的合作行为所赋予的信念是否会影响决策者自身的合作行为。首先，介绍本章的实验原理，并基于理论分析提出本章的研究假设。其次，使用行为实验的方法，探讨社会困境中关于自我的合作信念、关于他人的合作信念和关于群体的合作信念对于参与人合作行为的具体影响，厘清社会困境中合作行为的信念基础，为后续治理机制设计提供行为科学的依据。

3.1　实验原理与研究假设

首先阐述本章中行为实验的原理，其次结合该原理，依据现有文献研究提出本章的研究假设，为后续的论述奠定理论基础。

3.1.1　实验原理

即使自私导致了更高的进化适应性，具有正外部性的社会合作在人类社会中仍然广泛存在（Axelrod，1985；Ostrom et al.，1993；Nowak et al.，2006）。日常生活中的许多行为都是正外部性合作的具体表现，从组织中的团队合作到自愿工作，再到环保行为（如高效使用能源或减少家庭垃圾）。由于非竞争性和非排他性，公共物品在理论上受到"搭便车"问题的困扰。然而，大多数参与其中的代理人并没有免费搭乘公共利益的便车，即使这是一个"理性人"和"自私人"的主导策略。无论是在现场，还是在实验室，都可以观察到相当多的异质性个体间的合作行为。这种现实状况给社会科学和自然科学的研究提出了一个进化性质的难题，而理解人类合作背后的认知过程对于解决这个难题至关重要。

目前关于一次性公共物品投资的研究结果表明，尽管个体捐赠量水平差异性很大（0～100%不等），但是参与人平均捐赠量占初始资金的比例通常在 40%～60%。类似的，如果是重复公共物品博弈，参与人在第一轮的平均贡献量通常也是介于 40%～60%（Ledyard，1995；Anderson & Putterman，2006）。

上述公共物品情境下的贡献决策需要对他人的合作能力有一定的信任。这种信任显然与个体对他人的合作信念有关（Mellor et al.，2004；Leonard et al.，2010）。根据吉纳科普洛斯（Geanakoplos，1989）提出的心理博弈理论，决策者的合作行为动机取决于参与人对其他参与人的行为和信念的信念。同时，该理论利用心理博弈（psychological games）和心理均衡（psychological equilibria）将社会合作信念纳入社会合作参与人的收益函数中，标志着研究者开始注重考察信念对于合作水平的影响。

如果在一个具有两个参与人的博弈中，一个人的效用可以直接受到他对另一个人以及对自己合作行为的信念的影响（Wu，2016），基于这一前提，本章认为，在一个有多方参与（大于等于 3 个参与人）的博弈中，某个参与人对其他一个或多个参与人合作行为的信念以及对其自身合作行为的信念也可以直接影响这个参与人本身的合作行为。进一步推论，本章认为，将社会困境中多方博弈的参与人在交互合作中直接产生的合作信念进行分类探讨也是可行的。

本章依据交互方式，从多方参与的博弈中单一个体参与人的角度，将合作信念分为三类：一是关于自我的合作信念，即个体参与人对自己未来的合作行为的预期；二是关于他人的合作信念，即个体参与人揣测他人未来的合作行为产生的相应的预期；三是关于群体的合作信念，即个体参与人对整个群体的合作行为做出的相应的预期。

为了探讨社会困境中关于自我的合作信念、关于他人的合作信念和关于群体的合作信念在合作过程中的具体作用，在后续的实验中，本章依据公共物品博弈框架，直接测量各参与人的三种合作信念及公共物品贡献量，探索合作信念与合作行为的匹配关系，以此厘清社会困境中合作行为的信念基础。其中，公共物品的贡献量用来衡量合作困境中参与人的合作水平，作为被解释变量；关于自我的合作信念、关于他人的合作信念和关于群体的合作信念是直接测定的变量，作为自变量。通过统计分析方法检验合作信念与合作行为之间的具体关系，可以明晰社会困境中合作信念对合作行为的具体影响，进而厘清社会困境中合作行为的信念基础。

3.1.2　研究假设

通过实验室实验，学者们研究发现，公共物品实验中对他人贡献量的信念与公共物品贡献量存在显著的相关关系。例如，有学者在丹麦人群中进行了一项实验，研究了自我报告对他人贡献量的信念。他们的研究发现，自我报告的信念在很大程度上解释了激励的合作行为，即参与人的合作水平取决于参与人对其他参与人的行为和信念的信念。类似的，有学者的研究发现，信任博弈所引发的对他人贡献量的信念与公共物品贡献量显著相关（Kocher et al.，2015）。也有研究结果同样表明，合作（非合作）信念对于合作效果的影响对于那些在上一轮中选择合作（非合作）的个体自身而言是同样显著的（Nishi et al.，2016）。

除此之外，学者们也已经探讨了公共物品博弈困境中合作信念与贡献量的数量关系。有学者在一项公共物品实验中发现，自我报告对公平、乐于助人和信任陌生人的合作信念对人们的贡献量有积极而显著的影响（Gächter et al.，2004）。类似的，也有学者研究发现，在公共物品刻画的社会困境中，通常会存在两种类型的参与人，即合作者和"搭便车"者，合作伙伴开始时贡献量很大，但随着时间的推移，他们会意识到"搭便车"者的存在，并会因此调整自己对"搭便车"者的合作信念，进而以减少他们自身的贡献量作为报复，这就导致了经常出现的衰退模式（Fischbacher et al.，2001）。他们的研究发现，合作者的贡献量与其自身对他人贡献量的信念呈现正相关关系。

沿着菲施巴赫尔等（Fischbacher et al.，2001）的研究思路，乔杜里等（Chaudhuri et al.，2017）将公共物品困境中的参与人分为不同类型。他们认为，个体在公共物品博弈中表现出的初始信念的分布有相当大的异质性，即参与人对同伴合作与否会持有乐观或悲观两种截然不同的信念，这些先验信念上的差异会导致不同的初始贡献量，高贡献量的个体会认为低贡献量的个体不合作，随后会更新自己对同伴的合作信念，继而下调自己下一期的贡献量，出现贡献量随着时间递减的现象。

基于此，针对多方博弈框架中参与人的三种不同的合作信念，即关于自我的合作信念、关于他人的合作信念和关于群体的合作信念，提出本章的研究假设 3 - 1。

假设 3 - 1：在社会困境中，参与人的合作水平与合作信念正相关。

假设 3 - 1a：参与人关于自我的合作信念越高（低），则其合作水平越高（低）；

假设 3 - 1b：参与人关于他人的合作信念越高（低），则其合作水平越高（低）；

假设 3 - 1c：参与人关于群体的合作信念越高（低），则其合作水平越高（低）。

3.2　实　验　设　计

在上述实验原理与研究假设的基础上，本章采用策略性实验的方法，使用实验室手工实验，检验社会困境中参与人的三种基于合作行为直接产生的合作信念（关于自我的合作信念、关于他人的合作信念和关于群体的合作信念）对社会合作行为的影响。

3.2.1　实验参与人

本章实验中，通过网络公开招募 40 名实验参与人。他们均是南开大学滨海学院的在读本科生。所有实验参与人都是健康的，没有人患有任何神经或精神疾病。平均年龄为 20.67 岁。其中，有 28 名实验参与人是女生，12 名实验参与人是男生；23 名实验参与人有经济学知识储备，17 名实验参与人无经济学知识储备；22 名实验参与人是独生子女，18 名实验参与人是非独生子女；27 名实验参与人家庭人均月收入 6000 元及以下，占总人数的 67.5%，23 名实验参与人来自城市，占总人数的 57.5%，这一数据说明参与人大多来自中低收入的工薪阶层。本实

57

验参与人员具体的描述性统计信息如表3.1所示。

表3.1 实验参与人描述性统计信息

类别	项目	人数
性别	女生	28
	男生	12
生活环境	城市	23
	农村	17
经济学知识储备	有	23
	无	17
是否独生子女	独生子女	22
	非独生子女	18
家庭人均月收入	3000元及以下	8
	3001~6000元	19
	6001~9000元	12
	9000元以上	1

所有实验参与人在参加该实验之前并不知晓与本实验相关的任何内容，并且他们均自愿加入本实验研究。在实验正式开始之前，所有实验参与人签署了书面形式的知情同意书。本次实验依据《赫尔辛基宣言》进行，同时经伦理委员会批准。

3.2.2 实验过程

实验为有偿实验，实验报酬取决于实验参与人的投资决策。整个实验大概持续35分钟，实验开始之前所有实验参与人都会被告知实验全过程是匿名的，并且整个过程中不能通过任何方式与其他参与人进行沟通和交流，结束后各自私下依次领取现金。

整个实验分为两个阶段，包括准备实验阶段、正式实验阶段。

首先，实验参与人在实验正式开始之前提前5分钟到达实验教室进行签到，领取知情同意书。按时到达的实验参与人可以获得5元出场费（实验结束后一并支付）。所有实验参与人都到达后，实验主持人讲解知情同意书，实验参与人自愿签署知情同意书。随后，实验助手收取知情同意书，并按照到场的随机顺序发放带有编号（1～40号）的实验说明。其次，参与人自行阅读实验说明 5 分钟。5 分钟之后，实验主持人讲解实验说明，并对实验参与人的疑问进行一对一单独解答（这样做是为了防止其他实验参与人受到干扰）。当所有实验参与人均没有任何疑问时，实验助手发放实验测试题，以检验实验参与人是否充分了解本实验的所有细节（如实验中涉及的收益函数、实验任务和实验收益的计算方法等），确保实验参与人可以正确无误地进行实验。直到所有实验参与人都正确回答所有题目，并且不再有任何疑问时，实验进入第二阶段。上述就是准备实验阶段，整个过程大概持续 20 分钟。

接下来，实验主持人宣布实验正式开始。实验参与人开始独立决策，完成实验任务。此过程为正式实验阶段，整个过程大概持续 15 分钟。

为防止实验参与人私下交流，实验助手引导实验参与人隔开坐（相邻的两位实验参与人之间至少间隔一个座位），以确保相邻的任意两位实验参与人之间没有任何形式的交流并且互不干扰。所有人都完成决策以后，实验助手收取答卷，清点数量。随后，实验参与人一起离开实验室，实验结束。

由于本章中的实验采用手工实验，不能现场计算收益。后续收益计算完成后，对应实验参与人的编号进行线上支付。实验收益延迟发放在本实验公开招募时已经加以说明。

3.2.3　实验任务

在本实验中，参与人是匿名的，并且不进行任何形式的社交互动。参与人最后真实的收益相关于彼此之间的决策结果。在本实验中使用的支付单位为 Game Dollar（G\$），兑换比率为 1G\$ = 1.5 元。每名参与人的平均收益为 15 元。实验结束后，会依据参与人获得的点数，兑换成现金进行支付。

本实验中的具体任务与斯皮勒等（Spiller et al.，2016）在 2016 年实施的实验任务相似。两个实验的不同之处在于，本实验中采用策略性的方法，每一个实验参与人遍历了所有可能的情形。换句话说，每一位实验参与人在实验中会依次扮演高初始禀赋参与人和低初始禀赋参与人两种类型，并且会分别以这两种身份完成必要的实验任务。根据编号（出场顺序）组成四人小组，计算最终收益。

实验中，所有实验参与人的决策都是基于以下情境。所有 40 名实验参与人被随机分组，4 人一组，进行非对称公共物品博弈。在每一组当中，有两名高初始禀赋参与人（A1，A2）各拥有 35G$；两名低初始禀赋参与人（B1，B2）各拥有 23G$。与斯皮勒等（Spiller et al., 2016）的考虑相似，本研究认为 35 和 23（50% 的贡献量不是整数，也不接近 5 的倍数）的选择，可以在很大程度上降低中点效应（focal points）。所有实验参与人的收益都遵循以下收益函数：

$$\pi_i = X_i - x_i + 0.6 \sum_{i=1}^{4} x_i$$

其中 X_i 是参与人 i 的初始禀赋，x_i 是参与人 i 的贡献量，$\sum_{i=1}^{4} x_i$ 是参与人 i 所在小组的总贡献量。

每一位参与人均需要回答以下问题：

（1）对于拥有不同初始资金的参与人而言，你认为投入多少资金到公共池中是合适的？即对于 A1 和 A2 来说是多少？（请用 0～35 之间的整数作答）；对于 B1 和 B2 来说是多少？（请用 0～23 之间的整数作答）

（2）对于拥有不同初始资金的参与人而言，你估计你们小组其他成员认为投入公共池中合适资金数量的均值是多少？即对于 A1 和 A2 来说是多少？（请用 0～35 之间的整数作答）；对于 B1 和 B2 来说是多少？（请用 0～23 之间的整数作答）

（3）对于拥有不同初始资金的参与人而言，你估计你们小组成员投入公共池中资金数量的均值是多少？即对于 A1 和 A2 来说是多少？（请用 0～35 之间的整数作答）；对于 B1 和 B2 来说是多少？（请用 0～23 之间的整数作答）

（4）现在进行真实的投资，4 人一组，你投入多少资金到公共池中？即假如你是 A1 和 A2，你会投入多少资金到公共池中？（请用 0～35 之间的整数作答）；假如你是 B1 和 B2，你会投入多少资金到公共池中？（请用 0～23 之间的整数作答）

在每轮实验开始时，参与人不会被告知他们的身份类型（A1、A2、B1 和 B2）。本实验为单期实验，实验过程中也不对参与人各自的贡献量或者收益等进行任何形式的反馈。

实验结束后，研究者根据第四个问题中参与人的决策计算投资收益。所有参与人按照实验说明右上角的编号，从小到大顺序分组，编号1、编号2、编号3和编号4的为第一组，编号5、编号6、编号7和编号8的为第二组……依此类推，总共分为10组。每组内编号从小到大依次匹配 A1、A2、B1 和 B2 四个身份类型。提取相应身份类型下实验参与人汇报的贡献量计算收益点数，然后折算成现金进行支付。

除了依据上述收益函数进行收益点数的计算外，为了激励参与人积极汇报实验中需要采集的信念，所有实验参与人还会被告知，如果他们对他人或者群体的估计量越接近真实值，他们可以获得额外的奖励。实验过程中，会随机抽取一轮，按照以下奖励规则进行奖励。如果其估计值与实际均值差值的绝对值小于1，获得3元奖励；如果其估计值与实际均值差值的绝对值大于等于1且小于2，获得2元奖励；如果其估计值与实际均值差值的绝对值大于等于2且小于3，获得1元奖励。额外奖励将会以现金的形式，在发放最终收益的时候，直接支付给他们。

3.3　实验结果

首先，定义后文中所用的变量并介绍统计分析方法；其次，处理分析所采集到的实验数据并对前文提出的假设进行检验。

3.3.1　变量定义与统计分析方法

1. 变量定义

本实验共包含三大类变量：合作信念类、参与人类、合作水平类，具体变量名称及相应的解释如表3.2所示。

表3.2　　　　　　　　　　　变量定义

变量类型	变量代码	变量名称及描述
合作信念	Own. belief	关于自我的合作信念
	Other. belief	关于他人的合作信念
	Pg. belief	关于群体的合作信念

变量类型	变量代码	变量名称及描述
参与人	HIGH	高初始禀赋的参与人（35G$）
	LOW	低初始禀赋的参与人（23G$）
合作水平	Cooperation. HIGH	高初始禀赋参与人 HIGH 的合作水平
	Cooperation. LOW	低初始禀赋参与人 LOW 的合作水平
	Cooperation	两种类型参与人的总体平均合作水平

　　本实验中使用平均值评估合作信念水平（即实验中所问的问题）。本章实验中总共测试三种类型的合作信念：（1）关于自我的合作信念 Own. belief（你认为投入多少资金到公共池中是合适的?）；（2）关于他人的合作信念 Other. belief（你估计你们小组其他成员认为投入公共池中合适资金数量的均值是多少?）；（3）关于群体的合作信念 Pg. belief（你估计你们小组成员投入公共池中资金数量的均值是多少?）

　　本实验中涉及的参与人类型包括以下两种，即公共物品博弈中所包括的两种类型的参与人：（1）高初始禀赋的参与人 HIGH（35G$，A1 和 A2）；（2）低初始禀赋的参与人 LOW（23G$，B1 和 B2）。

　　本实验中社会困境中的合作水平用参与人的公共物品贡献量进行衡量。后续分析中总共包含以下三种合作水平类型：（1）Cooperation. HIGH，即高初始禀赋参与人 HIGH 的合作水平；（2）Cooperation. LOW，即低初始禀赋参与人 LOW 的合作水平；（3）Cooperation，即两种类型参与人的总体平均合作水平。

2. 统计分析方法

　　合作信念的数据分析主要划分为两个部分。首先，本书分析不同初始禀赋参与人的三种不同合作信念之间的平均值。对于均值的分析从以下三个维度进行展开：（1）总体均值分析。（2）对比分析不同类型参与人的相同类型的合作信念。（3）对比分析相同类型参与人的不同类型的合作信念。在分析过程中主要使用均值比较和配对样本 T 检验（Paired t-test）两种方法。其次，本书使用单因素方差分析（one-way ANOVA）依次对三种类型的社会合作信念（Own. belief、Other. belief 和 Pg. belief）在两种类型的参与人之间进行检验：（1）检验关于自我的合作信念 Own. belief 在不同参与人（参与人类型：HIGH 和 LOW）之间的差异。（2）检验关于他人的合作信念 Other. belief 在不同参与人（参与人类型：HIGH 和 LOW）之间的差异。（3）检验关于群体的合作信念 Pg. belief 在不同参与人（参与人类型：HIGH 和 LOW）之间的差异。

合作水平的数据分析主要分为以下维度。首先，分析不同初始禀赋参与人的合作水平（即公共物品贡献量）之间的平均值。对于均值的分析从两个角度展开：（1）绝对量均值（即用贡献量的实际数额计算的均值）。（2）相对量均值（即用贡献量的实际数额除以初始禀赋后的比例计算的均值）。在分析过程中同样使用配对样本 T 检验进行对比。其次，本书中使用 one-way ANOVA 分别检验参与人类型（HIGH 和 LOW）对社会困境中合作行为（合作水平：Cooperation. HIGH、Cooperation. LOW 和 Cooperation）的影响。最后，使用 one-way ANOVA 依次对三种社会合作信念（Own. belief、Other. belief 和 Pg. belief）对社会困境中合作行为（合作水平：Cooperation. HIGH、Cooperation. LOW 和 Cooperation）的影响进行检验。

本书考察合作信念对合作水平的影响时进行 OLS 回归分析。本书总共建立了 7 种回归模型，其中回归模型 Reg. 1、Reg. 2 和 Reg. 3 是分别对 3 种合作信念（Own. belief、Other. belief 和 Pg. belief）单独进行回归分析，回归模型 Reg. 4、Reg. 5 和 Reg. 6 是将 3 种合作信念的任意两种进行回归分析，回归模型 Reg. 7 是将 3 种合作信念进行回归分析。

3.3.2　合作信念的统计分析

本部分主要关注社会困境中参与人的 3 种合作信念（关于自我的合作信念、关于他人的合作信念和关于群体的合作信念）在不同情况下的差异，本书主要使用均值分析和方差分析两种方法。

1. 均值分析

本部分着重分析不同初始禀赋参与人的 3 种不同合作信念的平均值，具体数据如表 3.3 所示。

表 3. 3   三种合作信念的均值

参与人	Own. belief	Other. belief	Pg. belief
HIGH	24. 15 (1. 25)	21. 55 (1. 43)	20. 08 (1. 20)
LOW	14. 78 (1. 01)	13. 63 (1. 00)	12. 50 (0. 77)

注：括号外数字是平均值，括号内数字为对应的标准差。

  表 3. 3 中的数据表明，从不同参与人的类型来看，高初始禀赋的参与人 HIGH 比低初始禀赋的参与人 LOW 的合作信念高。如表 3. 3 所示：高初始禀赋的参与人 HIGH 关于自我的合作信念为 24. 15（1. 25），低初始禀赋的参与人 LOW 关于自我的合作信念为 14. 78（1. 01）；高初始禀赋的参与人 HIGH 关于他人的合作信念为 21. 55（1. 43），低初始禀赋的参与人 LOW 关于他人的合作信念为 13. 63（1. 00）；高初始禀赋的参与人 HIGH 关于群体的合作信念为 20. 08（1. 20），低初始禀赋的参与人 LOW 关于群体的合作信念为 12. 50（0. 77）。

  进一步比较可以发现，从三种合作信念的总体均值数据来看，高初始禀赋参与人 HIGH 的三种类型的合作信念（Own. belief、Other. belief 和 Pg. belief）都分别高于低初始禀赋参与人 LOW 的三种合作信念，即表 3. 3 中的数据所示：Own. belief（24. 15 > 14. 78）、Other. belief（21. 55 > 13. 63）以及 Pg. belief（20. 08 > 12. 50）。

  这一结果说明，不同初始禀赋的参与人对于其初始所拥有的禀赋数量十分敏感。换句话说，人们对于自身的社会地位或者所拥有的原始资源都存在很好的感知，并且这种感知会影响人们在社会困境中的合作信念，包括关于自我的合作信念、关于他人的合作信念和关于群体的合作信念。

  为了进一步验证不同参与人在相同类型的合作信念之间存在的差异，接下来，本书使用配对样本 T 检验进行考察，具体结果如表 3. 4 所示。

  表 3. 4 中数据显示：在 Own. belief 中，高初始禀赋的参与人 HIGH 与低初始禀赋的参与人 LOW 之间存在显著差异（$T = 16. 44$，$P < 0. 001$）；在 Other. belief 中，高初始禀赋的参与人 HIGH 与低初始禀赋的参与人 LOW 之间存在显著差异（$T = 6. 47$，$P < 0. 001$）；在 Pg. belief

中，高初始禀赋的参与人 HIGH 与低初始禀赋的参与人 LOW 之间存在显著差异（T = 8.32，P < 0.001）。

这一结果再次说明，不同禀赋的参与人对于自己的身份类型感知明显，并且他们基于自身不同的身份产生不同的社会合作信念。

表 3.4　　　　　　　　　不同参与人相同合作信念 T 检验

合作信念类型	T 值	P 值
Own. belief	16.44	< 0.001
Other. belief	6.47	< 0.001
Pg. belief	8.32	< 0.001

接下来分析相同类型的参与人在三种不同类型的合作信念水平之间的差异。前述数据结果表明，高初始禀赋的参与人 HIGH 的 Own. belief、Other. belief 和 Pg. belief 水平逐渐下降（24.15 > 21.55 > 20.08）。与高初始禀赋的参与人 HIGH 的结果类似，低初始禀赋的参与人 LOW 的三种类型的合作信念（Own. belief、Other. belief 和 Pg. belief）的水平也依次降低（14.78 > 13.63 > 12.50）。

这一结果说明，无论是高初始禀赋的参与人 HIGH 还是低初始禀赋的参与人 LOW，都会高估自身的合作水平、低估他人以及群体的合作水平。

为了进一步验证上述结论，本书使用配对样本 T 检验分别比较 Own. belief 与 Other. belief 以及 Own. belief 与 Pg. belief 之间的差异，具体结果如表 3.5 所示。

表 3.5　　　　　　　　　同一参与人不同合作信念 T 检验

参与人和信念类型	Own. belief VS Other. belief	Own. belief VS Pg. belief	Other. belief VS Pg. belief
HIGH	T = 2.60 P = 0.013	T = 3.06 P = 0.004	T = 1.06 P = 0.296
LOW	T = 1.62 P = 0.113	T = 2.87 P = 0.007	T = 1.34 P = 0.187

表 3.5 中数据显示：对于高初始禀赋的参与人 HIGH 而言，Own. belief 与 Other. belief 存在显著差异（T = 2.60，P = 0.013），Own. belief 与 Pg. belief 也存在显著差异（T = 3.06，P = 0.004）；对于低初始禀赋的参与人 LOW 而言，Own. belief 与 Other. belief 存在差异但不显著（T = 1.62，P = 0.113），Own. belief 与 Pg. belief 同参与人 HIGH 类似也存在显著差异（T = 2.87，P = 0.007）。此外，无论是参与人 HIGH 还是参与人 LOW，Other. belief 与 Pg. belief 之间的差异均不显著。

上述结果说明，在社会困境中参与人对不同类型的合作信念的感知不同，具体来说，参与人区别关于自我的合作信念与关于他人的合作信念或关于群体的合作信念相对容易，但是对于后两者（关于他人的合作信念和关于群体的合作信念）的区分相对较难。由此，本研究认为，社会困境中参与人的合作信念与合作行为的匹配关系可能也存在上述区别。

2. 方差分析

均值比较的结果说明，在社会困境中，参与人的身份类型会影响参与人彼此之间的合作信念，同时，相同类型参与人的三种合作信念（关于自我的合作信念、关于他人的合作信念和关于群体的合作信念）也存在很大差异。

那么，在社会困境中，人们的身份真的会影响到人们的合作信念吗？即参与人的类型（HIGH 和 LOW）是影响参与人社会合作信念的重要因素吗？为解答上述问题，本书使用 one-way ANOVA 依次对三种合作信念（Own. belief、Other. belief 和 Pg. belief）进行检验。

首先，检验关于自我的合作信念 Own. belief 在不同参与人之间的差异（具体方差分析结果见表 3.6）。数据分析结果显示，高初始禀赋参与人 HIGH 关于自我的合作信念 Own. belief 同低初始禀赋参与人 LOW 关于自我的合作信念 Own. belief 之间存在显著差异（F = 34.04，p < 0.001）。

表 3.6　　　不同参与人同类型信念的 one-way ANOVA 分析

合作信念类型	F 值	P 值
Own. belief	34.04	< 0.001
Other. belief	20.55	< 0.001
Pg. belief	28.18	< 0.001

　　其次，检验关于他人的合作信念 Other. belief 在不同参与人之间的差异（具体方差分析结果见表 3.6）。数据分析结果显示，高初始禀赋参与人 HIGH 关于他人的合作信念 Other. belief 同低初始禀赋参与人 LOW 关于他人的合作信念 Other. belief 之间存在显著差异（$F = 20.55$，$p < 0.001$）。

　　再次，检验关于群体的合作信念 Pg. belief 在不同参与人之间的差异（具体方差分析结果见表 3.6）。数据分析结果显示，高初始禀赋参与人 HIGH 关于群体的合作信念 Pg. belief 同低初始禀赋参与人 LOW 关于群体的合作信念 Pg. belief 存在显著差异（$F = 28.18$，$p < 0.001$）。

　　最后，为了更加直观地展示不同类型参与人对于不同合作信念的差异，本书使用合作信念水平的平均值为纵坐标、两种参与人类型为横坐标，绘制柱状图 3.1。从图 3.1 中可以看出，不同类型的参与人在关于自我的合作信念、关于他人的合作信念和关于群体的合作信念中都存在显著差异。

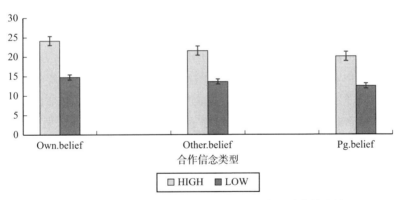

图 3.1　参与人（HIGH 和 LOW）三种合作信念的均值

3.3.3　合作水平的统计分析

　　本部分主要关注社会困境中参与人的合作行为在不同情况下的差异，本书主要使用均值分析和方差分析两种方法。

67

1. 均值分析

接下来，本章着重分析不同禀赋参与人的合作水平（即公共物品贡献量）的平均值之间的差异。

表 3.7 中结果表明，高初始禀赋参与人 HIGH 的合作水平高于低初始禀赋参与人 LOW 的合作水平（18.58 > 12.18）。使用配对样本 T 检验对两者差异的显著性进行检验，结果显示 T = 6.40（P < 0.001）。

表 3.7　　　　　　　　　　合作水平绝对量统计分析

参与人类型	均值	标准差	绝对量 T 检验
HIGH	18.58	8.97	T = 6.40，P < 0.001
LOW	12.18	0.58	

这一结果说明，不同类型的参与人 HIGH 和 LOW 的社会合作水平存在显著差异。并且从表 3.7 中合作水平的绝对量统计来看，具有高初始禀赋的参与人 HIGH 的合作水平显著高于低初始禀赋的参与人 LOW 的合作水平。

那么，高初始禀赋的参与人 HIGH 比低初始禀赋的参与人 LOW 合作水平的相对量水平是否依然存在与绝对量水平类似的特点呢？

为验证这一猜想，本研究将各参与人的贡献量除以其相应的初始禀赋换算成贡献量比例，然后进行描述性统计分析，分析结果如表 3.8 所示。

表 3.8　　　　　　　　　　合作水平相对量统计分析

参与人类型	均值	标准差	相对量 T 检验
HIGH	0.53	0.26	T = 0.04，P = 0.966
LOW	0.53	0.28	

从表 3.8 中的数据来看，其中配对样本 T 检验的结果表明，具有高初始禀赋的参与人 HIGH 和低初始禀赋的参与人 LOW 合作水平的相对量并没有明显差异（T = 0.04，P = 0.966）。换句话说，从贡献量的相

对量水平来看，不同类型的参与人的合作水平是无差异的。

表 3.8 中的数据也表明，在本实验中，参与人 HIGH 和 LOW 的贡献比例都在 53% 左右，这与先前研究中提出的 40% ~ 60% 投资比例结果一致（Chaudhuri et al.，2017），这一结果可以说明，本实验中用公共物品博弈刻画的社会困境可以真实地反映出参与人的合作意愿，而这种真实的合作意愿将会诱导产生参与人彼此间的合作信念。从这个层面上来讲，本研究中使用自我汇报的方式研究三种合作信念对于社会困境中合作水平的影响是可行的。

上述结果说明，在公共物品博弈刻画的社会困境中，参与人的身份类型会影响参与人的合作水平。换句话说，拥有不同初始资源的人，在参与社会合作时的绝对贡献量不同。资源占优的一方倾向于投入较多的资源，另一方则倾向于投入较少的资源。但是从资源投入的相对量来看，两者并不存在统计学上的明显差异。

上述结果同时说明，社会参与人无论资源占优与否，都会表现出一定的合作水平。这种合作水平，可能受到某种除了资源以外的因素的调控，如亲社会性、大脑的内在机理等。

2. 方差分析

上述均值比较的结果说明，在公共物品博弈刻画的社会合作困境中，参与人的身份类型会影响社会参与人之间的绝对贡献量，但是不会影响相对贡献量。那么，社会困境中参与人的类型（HIGH 和 LOW）确实是影响参与人社会合作水平的重要因素吗？

为回答这个问题，本书使用 one-way ANOVA 进行检验，数据结果显示，参与人类型对贡献量绝对量具有显著影响（$F = 13.31$，$p = 0.001$）。这一结果表明，社会参与人的类型影响社会困境中的合作水平。同时，为了更加直观地刻画不同参与人贡献量之间的差异，本书使用合作水平的平均值为纵坐标、两种参与人类型为横坐标，绘制柱状图 3.2。

根据已有的研究结论，合作信念影响社会合作水平（Geanakoplos et al.，1989；Battigalli & Dufwenberg，2009；Wu，2016），那么，本实验公共物品社会困境中基于参与人不同的身份类型所引出的三种合作信念（关于自我的合作信念、关于他人的合作信念和关于群体的合作信念）会对合作水平产生类似的显著影响吗？换句话说，以上三种类型的

69

社会合作信念是影响社会困境中合作水平的重要因素吗?

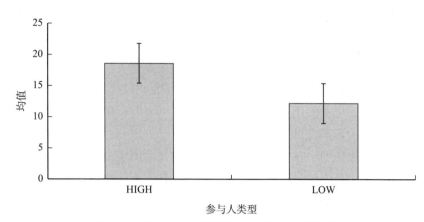

图 3.2　参与人（HIGH 和 LOW）贡献量均值

　　为回答上述问题，接下来，本书使用 one-way ANOVA 依次对三种合作信念（Own. belief、Other. belief 和 Pg. belief）进行检验，具体结果如表 3.9 所示。

表 3.9　　　三种信念对合作水平影响的 one-way ANOVA 分析

合作信念类型	F 值	P 值
Own. belief	1.64	0.075
Other. belief	2.50	0.003
Pg. belief	2.40	0.004

　　表 3.9 中的数据分析结果显示：关于自我的合作信念 Own. belief 对合作水平存在显著效用（$F = 1.64$，$p = 0.075$）；关于他人的合作信念 Other. belief 对合作水平存在显著效用（$F = 2.50$，$p = 0.003$）；关于群体的合作信念 Pg. belief 对合作水平存在显著效用（$F = 2.40$，$p = 0.004$）。

　　这一结果说明，本实验中测量的三种合作信念可以影响社会合作水平，假设 1 得到部分验证。

3.3.4　合作信念对合作水平影响的回归分析

本部分为了检验社会困境中参与人交互直接产生的合作信念对合作行为的影响，本书首先使用 OLS 回归考察社会困境中参与人的三种合作信念（关于自我的合作信念、关于他人的合作信念和关于群体的合作信念）对合作行为的独立影响；其次，考察任意两种合作信念对合作行为的联合影响；最后，考察三种合作信念的综合影响。

1. 独立影响

分别对三种合作信念变量（Own. belief、Other. belief 和 Pg. belief）进行单独回归分析，建立回归模型 Reg. 1、Reg. 2 和 Reg. 3，结果如表 3.10 所示。

表 3.10　　　　　合作信念对合作行为独立影响的回归分析

合作信念类型	Reg. 1	Reg. 2	Reg. 3
Own. belief	0. 364 *** (0. 104)		
Other. belief		0. 476 *** (0. 095)	
Pg. belief			0. 705 *** (0. 101)
intercept	8. 277 *** (2. 202)	7. 003 *** (1. 866)	3. 878 ** (1. 811)
R^2	0. 137	0. 243	0. 384

注：**、*** 分别表示在 0.05、0.01 水平上显著；括号内数字为标准差。

对比表 3.10 中回归模型 Reg. 1、Reg. 2 和 Reg. 3，可以发现以下两条规律：

一方面，模型中 Own. belief、Other. belief 和 Pg. belief 的系数分别为 0.364、0.476 和 0.705，这三个回归系数都为正。这一结果说明当 Own. belief、Other. belief 和 Pg. belief 分别作为独立变量影响社会合作水

平时的效应都为正向影响。换句话说，Own. belief、Other. belief 和 Pg. belief 的水平越高，社会合作水平就会越高。假设 3 - 1a、假设 3 - 1b 和假设 3 - 1c 分别得到部分验证。相反，如果 Own. belief、Other. belief 和 Pg. belief 的水平越低，合作水平就会越低。假设 3 - 1a、假设 3 - 1b 和假设 3 - 1c 得到全部验证，继而假设 3 - 1 得到全部验证。

另一方面，进一步对比回归模型 Reg. 1、Reg. 2 和 Reg. 3 中的三个系数，可以发现 Own. belief、Other. belief 和 Pg. belief 的系数依次递增（0. 364 < 0. 476 < 0. 705）。这一结果说明，关于自我的合作信念、关于他人的合作信念和关于群体的合作信念对于社会合作水平的影响是依次递增的。社会合作过程中，人们的行为更多地依赖于关于群体的合作信念，其次是关于他人的合作信念，最后是关于自我的合作信念。

2. 联合影响

将三个合作信念的任意两种进行回归分析，建立回归模型 Reg. 4、Reg. 5 和 Reg. 6，具体回归结果如表 3. 11 所示。

表 3. 11　　　　　　合作信念对合作行为联合影响的回归分析

合作信念类型	Reg. 4	Reg. 5	Reg. 6
Own. belief	- 0. 064 (0. 162)	- 0. 032 (0. 113)	
Other. belief	0. 526 *** (0. 159)		0. 177 (0. 107)
Pg. belief		0. 729 *** (0. 131)	0. 578 *** (0. 127)
intercept	7. 366 *** (2. 092)	4. 121 ** (2. 016)	2. 841 (1. 898)
R^2	0. 244	0. 384	0. 404

注：** 、*** 分别表示在 0. 05、0. 01 水平上显著；括号内数字为标准差。

对比表 3. 10 中回归模型 Reg. 1 与表 3. 11 中 Reg. 4 和 Reg. 5 中 Own. belief 的系数发现，当引入 Other. belief（Reg. 4 中）或 Pg. belief（Reg. 5 中）时，关于自我的合作信念 Own. belief 的系数均由正变负且

不再显著（ -0. 064 、 -0. 032 ）。

这一结果说明，与 Other. belief 和 Pg. belief 相比， Own. belief 不再是正向提升合作水平的主要因素，甚至会产生相反的作用（负向影响合作水平，尽管统计结果并不显著）。

为了进一步验证上述结论，对比表 3. 10 中 Reg. 2 与表 3. 11 中 Reg. 4 两者 Other. belief 的系数， 0. 476 < 0. 526 ，说明当模型中引入 Own. belief 时， Other. belief 对合作水平的正向影响被放大。

同样的，对比表 3. 10 中 Reg. 3 和表 3. 11 中 Reg. 5 中 Pg. belief 的系数， 0. 705 < 0. 729 ，说明当模型中引入 Own. belief 时， Pg. belief 对合作水平的正向影响也被放大。

对于出现上述现象的原因，本研究尝试从以下角度进行解释。首先，当参与人提升对他人合作信念或者群体合作信念时会认为除自己之外的其他参与人更加倾向于合作，此时如果参与人"搭便车"的动机战胜合作的动机，那么参与人将有可能降低自己真实的合作水平，继而导致原本对自己的、较高的合作信念将不再有促进合作的效应。

其次，在模型 Reg. 6 中， Other. belief 和 Pg. belief 的系数同时为正，这又进一步说明了关于他人的合作信念和关于群体的合作信念对于合作水平的重要影响。

3. 综合影响

将三个合作信念进行综合分析，建立回归模型 Reg. 7 ，具体回归结果如表 3. 12 所示。

表 3. 12　　　　合作信念对合作行为综合影响的回归分析

合作信念类型	Reg. 7
Own. belief	-0. 285 * (0. 148)
Other. belief	0. 362 ** (0. 142)
Pg. belief	0. 653 *** (0. 130)

合作信念类型	Reg. 7
intercept	3. 928 ** (1. 950)
R^2	0.432

注：* 、** 、*** 分别表示在 0. 1、0. 05、0. 01 水平上显著；括号内数字为标准差。

表 3. 12 中数据显示：当将三种合作信念 Own. belief、Other. belief 和 Pg. belief 同时纳入考量时，即可得回归模型 Reg. 7，从模型 Reg. 7 的结果来看，上述联合模型中得出的结论再次得到证明，即关于他人的合作信念 Other. belief 和关于群体的合作信念 Pg. belief 对于合作水平仍然存在显著的正向影响。但是，与先前结果（Reg. 4 和 Reg. 5）不同的是，此时关于自我的合作信念对合作水平的负向影响开始变得显著（ - 0. 285 *）。根据 Reg. 7 中的结果，假设 3 - 1b、假设 3 - 1c 再次得到验证，假设 3 - 1a 未得到支持。

综合上述结果，本书发现，在只考虑关于自我信念对合作水平的影响时，假设 3 - 1a 是成立的，即关于自我合作信念的水平越高（低），合作水平越高（低）；但是，在同时考虑其他两种类型的合作信念（关于他人的合作信念和关于群体的合作信念）中的一种或两种时，关于自我的合作信念对合作水平的影响是负向的，即关于自我合作信念的水平越高（低），合作水平越低（高）。

对于出现上述结果的原因，本书认为，这可能与参与人对三种合作信念的感知不同有关。而这也再一次证明了前述结论，即参与人区别关于自我的合作信念与关于他人的合作信念或关于群体的合作信念相对容易，但是对于后两者（关于他人的合作信念和关于群体的合作信念）的区分相对较难。那么，为什么会出现上述现象呢？是因为大脑的内在机理不同吗？

要解答上述问题，就需要对社会困境中合作行为的微观基础进行更深层次的探索，特别是对社会困境中合作信念的神经基础，需要进一步探究。

3.4　本章小结

　　本章作为社会困境中合作行为微观基础的探索之一，在公共物品博弈框架的基础上，基于公共物品博弈理论和心理博弈理论，从关于自我的合作信念、关于他人的合作信念和关于群体的合作信念三个维度研究社会困境中参与人合作行为的信念基础，为后续机制设计提供行为科学的依据。

　　本章的重点是在公共物品刻画的社会困境中研究三种合作信念对参与人合作行为的影响，分析三种合作信念如何影响社会困境中的合作水平，即关于自我的合作信念如何影响社会困境中的合作水平、关于他人的合作信念如何影响社会困境中的合作水平以及关于群体的合作信念如何影响社会困境中的合作水平。

　　为了实现上述研究目的，本章基于公共物品博弈的框架，利用公共物品贡献量作为测量参与人的合作水平的指标，通过测量参与人在异初始禀赋的公共物品博弈中的三种合作信念（即关于自我的合作信念、关于他人的合作信念和关于群体的合作信念），探讨社会困境中的合作信念对合作水平的具体影响，进而厘清社会困境中参与人合作行为的信念基础。

　　本章主要探讨了以下三个方面的问题：第一，是否关于自我的合作信念越高（低），社会合作水平越高（低）；第二，是否关于他人的合作信念越高（低），社会合作水平越高（低）；第三，是否关于群体的合作信念越高（低），社会合作水平越高（低）。

　　本章研究发现，在单独考虑关于自我的合作信念对社会困境中合作行为的影响时，关于自我的合作信念越高（低），则社会合作水平越高（低）。但是，当同时将关于他人的合作信念和关于群体的合作信念的一种或者多种纳入考虑时，关于自我的合作信念对于合作水平的影响就会发生反转。

　　但上述规律却并不适用于关于他人的合作信念和关于群体的合作信念。无论是单独考虑关于他人的合作信念还是关于群体的合作信念，或者同时考虑两者，抑或同时考虑本章中测量的三种合作信念，下列结论总是成立的：第一，关于他人的合作信念越高（低），社会合作水平越高（低）；第二，关于群体的合作信念越高（低），社会合作水平越高（低）。

那么，出现上述现象的原因是什么呢？是因为大脑的内在机理不同吗？在此问题的引导下，本研究在后续的第 4 章引入神经实验研究方法，对社会困境中合作行为的神经基础进行探索。

第4章 合作行为的神经基础研究

第 3 章的研究结果发现，关于自我的合作信念、关于他人的合作信念和关于群体的合作信念对社会困境中合作行为的影响并不相同。仅依据行为实验的研究方法已经无法进行研究、作出解释。这也是一直以来行为经济学和实验经济学在解释人类行为时面临的困境，即缺失了联系行为和偏好（信念）的"源代码"这一关联要素。鉴于此，本章在上一章行为实验的基础上引入神经实验研究方法，可以从神经元层面揭开合作行为的神秘面纱，为合作行为的微观基础提供神经层面的证据。本章同样以社会困境中的合作信念为切入点设计实验，在第 2 章文献梳理和第 3 章行为研究的基础上，利用 tDCS 技术探究社会困境中基于合作行为产生的合作信念的神经机制。与第 3 章的行为研究相对应，本章主要测量了三种合作信念的神经机制，即关于自我的合作信念的神经机制、关于他人的合作信念的神经机制和关于群体的合作信念的神经机制。

4.1 实验原理与研究假设

首先，阐述本章中的实验原理；其次，结合该原理，依据现有文献研究，提出本章的研究假设，为章节的后续论述奠定理论基础。

4.1.1 实验原理

人类是所有已知物种中最具群居性的生物，因为没有任何其他物种具有像我们一样可以在基因无关的个体之间进行大规模稳定合作的能力。人类文化的这种独特特征是建立在人类独特的认知能力的基础之上，这种认知能力允许我们建立、传播和执行社会规范（Fehr & Fischbacher，2004；Yin et al.，2017；Chen & Krajbich，2018），进而产生社会合作。

在社会中，一般人并不能清楚地知道自己所在的环境中其他人的下一步决策的准确行为（Tankard & Paluck，2016）。因为任何人都不能准确地获得别人的真实想法，所以他们唯一能做的就是推断别人头脑里在想什么（如想法、信仰、欲望、意图和动机）。

自吉纳科普洛斯（Geanakoplos，1989）等提出心理博弈理论以来，众多学者的研究已经发现了在公共物品博弈等社会困境中合作信念对合作行为的作用机理（Mellor et al.，2004；Leonard et al.，2010；Thöni et al.，2012）。本书第 3 章中的结论也证明，关于自我的合作信念、关于他人的合作信念和关于群体的合作信念对于合作行为存在独立、联合和综合作用三种不同的影响。

为了进一步挖掘出现上述现象的深层原因，明晰合作行为的神经基础，需要探索合作信念的神经机制。

关于合作信念的深层神经机制目前仍然存在广泛争论（Ruff et al.，2013；Sanfey et al.，2014）。现有的神经科学研究证明，人类大脑可能具有潜在的认知和神经过程，这些过程构成学习、遵循和执行合作规范的能力基础，以此在社会困境中产生适当的行为反应，继而表现出不同的合作水平（Werner et al.，1982；Montague et al.，2007）。例如，布赫霍尔茨等（Buckholtz et al.，2012）研究发现，在人类的大脑中存在一种潜在的神经生物学结构基础，即背额纹状体回路（dorsal frontal striatum circuit），这种神经生物学结构基础对于人们的社会合作行为至关重要。同时，拉夫（Ruff et al.，2013）研究发现，调节右侧 DLPFC 的兴奋性可以改变参与人的合作水平。

合作信念源于对他人社会合作行为意图的感知，是指导人们在社会合作中的行为的参照点。人们的社会合作行为被认为强烈依赖合作规范，该规范执行时会产生负责调节和协调思想和动机的合作信念。

据此，本研究推测，人类大脑中的 DLPFC 区域可能是社会困境中合作信念的重要脑区。如果通过某种技术手段改变 DLPFC 脑区的兴奋性，考察不同兴奋状态下的信念水平（关于自我、他人和群体）的差异性，就可以证明该脑区和合作信念之间的因果关系，进而明确合作信念的内在神经机理。

使用 tDCS 技术可以满足上述研究需求（Batsikadze et al.，2013；Jamil et al.，2017）。众多研究发现，参与人在接受 tDCS 的刺激过程中和刺激后，都会导致大脑皮层兴奋性的改变，并且这种改变具有极性特点。阳极刺激使大脑皮层的兴奋性提高，而阴极刺激则会相应地降低大脑皮层的兴奋性（Nitsche & Paulus，2001；Iyer et al.，2005；Nitsche et al.，2008；Utz et al.，2010；Civai et al.，2015）。对比 tDCS 不同设置之间的差异（即大脑不同活跃性水平下的行为表现）已成为神经科学领域的一种相对成熟的研究范式。

因此，在本章实验中，首先使用 tDCS 手段改变参与人 DLPFC 脑区的活性，其次观察不同刺激设置中参与人合作信念的水平，如果 DLPFC 脑区活跃水平越高（阳极设置）时合作信念水平越高，如果 DLPFC 脑区活跃水平越低（阴极设置）时合作信念水平越低，说明 DLPFC 脑区活跃水平与合作信念正相关。如此一来，就可以检验合作信念的神经机制，继而明晰社会困境中合作行为的神经基础。

4.1.2　研究假设

根据斯皮勒等（Spiller et al.，2016）的定义，推断"别人做什么"的信念是一种社会合作信念。先前也有研究表明，当人们期望别人在社会困境中也做出合作的行为决策时，他们自身会倾向于选择合作（Kachelmeier & Shehata，1997；Croson，2010）。在公共物品博弈中出现的条件合作者的行为就是这种研究结论的具体体现。

尽管在现有的关于公共物品博弈的研究中，有研究结论认为条件合作者的合作决策是出于一种独立的内在动机或者内在的偏好。例如，有学者在他们的研究文献中提出的"利他主义""不公平厌恶"或"互惠"等（Fischbacher et al.，2007）。但是，更多的研究发现，在社会困境中，条件合作者的合作行为在很大程度上依赖于其合作伙伴的合作行为（Brandts & Schram，2001；Kocher et al.，2008；Keser et al.，2010；Spiller et al.，2016）。

这类实验研究发现，条件合作者的合作水平与其合作伙伴的合作水平相似，并且他们的合作行为表现出一种趋势，即当其合作伙伴表现出较高的合作水平或者他们自身被期望较高的合作水平时，条件合作者将更容易表现出较高的合作水平。例如，有学者在研究中发现，条件合作者个体是否会表现出高水平的合作，往往取决于条件合作者自身对他人合作水平的信念，即当条件合作者认为其伙伴会合作时则表现出合作，反之则条件合作者表现为不合作（Fischbacher & Gächter, 2010）。

从这个角度来看，合作水平的变化在很大程度上受到了主观感知所引发的合作信念变化的影响，当人们认为同伴不会合作时，他们自己通常也不会合作。

综合上述观点，本研究推测，在社会困境中，参与人往往依据他们自身对别人的合作信念来决策自身的行为（合作或者不合作）。换句话说，人们将他们自己推断出的其他人的行为作为自己行为的参照。据此，合作信念的本质可以看作是一个合作行为的参照点。因此，合作信念在判断他人动机中起着关键作用，是社会主体作出合作行为的基础。

人类社会往往通过用惩罚、制裁社会困境中的不合作者来维护社会的正常运行，这些惩罚包括：来自社会的外部的惩罚和来自人们自身内部的惩罚（Lindbeck, 1997; Gamst, 2010; Eriksson et al., 2017）。无论是外部惩罚还是内部惩罚，都会有促进合作的效应（Fehr & Rocken-bach, 2003; Gächter & Herrmann, 2011; Hauser et al., 2014）。

在现有的研究当中，社会困境中合作信念的神经科学研究大多集中在惩罚的神经基础上（Sanfey et al., 2003; Spitzer et al., 2007; Boks-em & De Cremer, 2010）。同时，几乎所有这些研究都是基于最后通牒博弈所刻画的社会困境。

以上这些基于最后通牒博弈所刻画的社会困境开展的研究均证明，通过惩罚不利于社会合作的行为，人类大脑发展出支持合作行为的神经机制，这种神经机制对于维持人类在公共物品博弈刻画的社会困境中的合作行为同样重要（Fehr & Fischbacher, 2004; Reif et al., 2017）。

与此同时，越来越多的神经影像学和损伤研究证据表明，DLPFC与社会合作行为有关（Aron et al., 2014; Hardung et al., 2017）。例如，有学者利用 fMRI 技术来研究经济决策过程中涉及的认知过程的神经基础，研究发现，当人们做出不利于社会合作的行为时，会激活与DLPFC 相关的大脑区域，并且这一激活改变了社会困境中参与人之间的合作行为（Sanfey et al. , 2003）。

除此之外，也有学者使用非侵入性脑刺激（如 tDCS）的手段研究该脑区与社会困境中合作行为的关系，例如，有学者使用 tDCS 干扰 DLPFC 脑区的活性后发现，当 DLPFC 的活性降低、功能受到抑制时，会降低不合作行为的发生率（Van et al. , 2005）。斯皮兹等（Spitzer et al. , 2007）的研究也有类似的发现，他们的研究结果表明，社会困境中参与人的合作行为与右侧 DLPFC 活性呈现正相关关系。

因此，右侧 DLPFC 是指导社会合作行为的重要脑区，是人类的社会合作行为发生和进化方面的关键生物学前提，它使人类能够预见对不利于社会合作行为的惩罚（Ruff et al. , 2013）。

综合上述分析，本章将最后通牒博弈中合作行为的相关脑区类比到公共物品博弈中，检验公共物品博弈刻画的社会困境中合作信念与 DLPFC 脑区的关系，进而进一步明晰合作行为的神经基础，提出本章的假设如下：

假设 4 - 1：在社会困境中，tDCS 阳极设置中合作信念高于 tDCS 虚拟设置。

假设 4 - 1a：tDCS 阳极设置中关于自我的合作信念高于 tDCS 虚拟设置；

假设 4 - 1b：tDCS 阳极设置中关于他人的合作信念高于 tDCS 虚拟设置；

假设 4 - 1c：tDCS 阳极设置中关于群体的合作信念高于 tDCS 虚拟设置。

假设 4 - 2：在社会困境中，tDCS 阴极设置中合作信念低于 tDCS 虚拟设置。

假设 4 - 2a：tDCS 阴极设置中关于自我的合作信念低于 tDCS 虚拟设置；

假设 4 - 2b：tDCS 阴极设置中关于他人的合作信念低于 tDCS 虚拟设置；

假设 4 - 2c：tDCS 阴极设置中关于群体的合作信念低于 tDCS 虚拟设置。

4.2　实　验　设　计

在上述实验原理与研究假设的基础上，本章利用 tDCS 技术，刺激实验参与人的右侧 DLPFC 脑区，以社会合作信念为切入点，探究社会困境中与合作行为相关的三种合作信念背后的神经机制，具体内容如下所示。

4.2.1　实验参与人

本章实验中，通过校园 BBS 公开招募了 84 名实验参与人。他们均是南开大学的在读学生，包括 MBA、本科生及硕士研究生。所有实验参与人都是健康的，没有人患有任何神经或精神疾病。在这 84 名参与人当中，有一名实验参与人在接受 tDCS 阳极刺激时报告有不适感，实验主持人立即终止了对其进行的阳极刺激。在后续数据分析中，剔除该实验参与人的数据。实验参与人具体的描述性统计信息如表 4.1 所示。

表 4.1　　　　　　　　实验参与人描述性统计信息

类别	项目	人数
性别	女生	41
	男生	42
生活环境	城市	23
	农村	60
经济学知识储备	有	53
	无	30
是否独生子女	独生子女	45
	非独生子女	38
家庭人均月收入	3000 元及以下	28
	3001 ~ 6000 元	27
	6001 ~ 9000 元	22
	9000 元以上	6

从表 4.1 中的数据来看，样本总共包含 83 名实验参与人，其中有 41 名女性和 42 名男性，年龄在 20～30 岁不等；有 23 名实验参与人来自城市，其余的 60 名来自农村；有经济学知识储备的实验参与人 53 名，无经济学知识储备的实验参与人 30 名；45 名实验参与人是独生子女，38 名为非独生子女；此外，实验参与人的家庭人均月收入集中在 9000 元以下，这一数据说明实验参与人大多来自中低收入群体，样本具有良好的普适性。

所有实验参与人被随机分配到三种设置（treatment）中，包括阳极刺激设置、阴极刺激设置和虚拟刺激设置。其中，阳极刺激设置中有 27 名实验参与人，包含男性实验参与人 18 名；阴极刺激设置中有 28 名实验参与人，包含男性实验参与人 12 名；虚拟刺激设置中有 28 名实验参与人，包含男性实验参与人 12 名。上述所有实验参与人在参加本章实验之前并不知晓与本实验相关的 tDCS 详情（如刺激电极、参考电极、刺激时长等）和公共物品博弈的具体内容。

在实验正式开始之前，所有实验参与人签署书面形式的知情同意书，并且他们均自愿参与本实验研究。本次实验依据《赫尔辛基宣言》进行，同时经伦理委员会批准。实验结束后，83 名参与人都没有汇报任何的不良反应（如头皮疼痛或头痛等）。

4.2.2　实验手段

现有的研究表明，对人类大脑刺激的研究大多显示出对决策的单向非适应性影响，使参与人更加冲动、自私或者是产生认知偏差（Knoch et al.，2006；Ruff et al.，2013；Chang & Sanfey，2013）。基于这一发现，结合 DLPFC 脑区在行为控制中的一般作用（Miller & Cohen，2001），本实验中将参与人随机分为三种刺激设置。其中，DLPFC 脑区的神经兴奋性通过 tDCS 阳极刺激增强，tDCS 阴极刺激降低，同时实施 tDCS 虚拟刺激以维持 DLPFC 脑区的兴奋性不变，进而实现可能的神经和非神经效应对照。

在本章的实验中，所有实验参与人都接受了由电池驱动的德国制造商（Neuro Conn）生产的 tDCS 设备进行的刺激。该设备的刺激电极是一组 5 厘米 × 7 厘米（国际通用的标准）的电极片。本研究采用一般

tDCS 实验常用的方法，施加强度为 1.0mA 的恒定电流，包括 15 秒的刺激波动时间（ramp up and down）（Géza et al.，2012；Fusco et al.，2013；Meesen et al.，2014）。实验参与人在接受刺激时，会用橡皮带将电极片固定在相应的脑区。在本实验中，按照国际脑电图 10—20 电极系统，研究者将阳极电极片或者阴极电极片分别固定在实验参与人的右侧 DLPFC 脑区，将参考电极（tDCS 阳极刺激设置中的阴极电极片、tDCS 阴极刺激设置中的阳极电极片）置于顶部（vertex）。本实验中，各个刺激设置中电极片的位置与拉夫等（Ruff et al.，2013）的设计是一致的。同时，在本章实验中，tDCS 的电流是恒定的，阳极刺激设置和阴极刺激设置的参与人在接受 15 分钟的相应刺激之后，再按照要求完成实验任务。他们在公共物品刻画的社会困境中，需要回答一系列关于合作信念的问题。虚拟刺激设置中的实验参与人只接受刺激 30 秒，30 秒后实验主持人会停止对其进行刺激，其余步骤与阳极刺激设置和阴极刺激设置相同。有学者的研究表明，上述过程中 30 秒刺激可以模拟真实刺激的瘙痒感觉，但是却不会对大脑皮层产生任何显著的神经改变作用（Civai et al.，2015；Willis et al.，2015），这样可以更好地屏蔽虚拟刺激与真实刺激对照设置中非大脑皮层神经活性的影响。

4.2.3 实验过程

整个实验大概持续 60 分钟，每名参与人平均收益为 50 元左右。整个实验分为三个环节，包括实验准备阶段、tDCS 阶段、实验任务阶段。具体的实验流程如图 4.1 所示。

首先，实验参与人在实验正式开始之前，提前 5 分钟到达实验地点，进行签到，领取知情同意书。按时到达可以获得 5 元出场费（实验结束后以现金形式一起支付）。所有实验参与人都到达后，实验主持人讲解知情同意书，实验参与人自愿签署知情同意书。随后，实验助手收取知情同意书，并发放实验说明。接下来，实验参与人自行阅读实验说明 5 分钟。5 分钟之后，实验主持人讲解实验说明，并对实验参与人的疑问进行一对一单独解答（这样做是为了防止其他实验参与人受到干扰）。当所有实验参与人不再有疑问时，实验助手发放实验测试题，通过相对应的测试检验参与人是否充分了解实验的所有细节（如实验中涉及的收益函数、实验任务及收益的计算方法等），以确保在实验任务阶段实验参与人可以正确进行实验。当所有实验参与人都正确回答所有题目，并且不再有任何疑问时，实验助手带领实验参与人进入实验区，实验进入到下一阶段，整个过程大概持续 20 分钟。

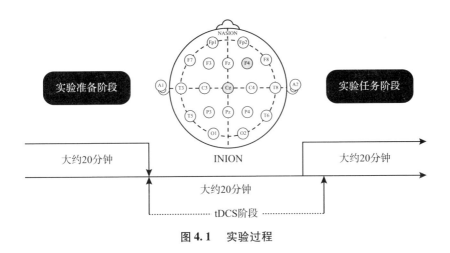

图 4.1　实验过程

进入实验区的实验参与人，每人被随机分配一个计算机机位。每个计算机机位都是一个独立的小隔间，以确保相邻机位的实验参与人没有任何形式的交流并且互不干扰。所有实验参与人都就座之后，实验助手开始为每个实验参与人佩戴 tDCS 设备。佩戴完毕后，所有实验参与人同时接受 tDCS 刺激 15 分钟，其中虚拟刺激设置中的实验参与人只接受刺激 30 秒。刺激阶段结束后，实验参与人开始上机决策，完成实验任务。在进行决策的过程中，tDCS 设备全程佩戴，整个过程大概持续 40 分钟。

计算机决策任务结束后，实验助手为实验参与人摘除 tDCS 设备，请所有实验参与人回到实验说明讲解室。之后，按照报名顺序发放实验总收益。实验参与人依次领取收益，并签名确认后离开实验室，实验结束。整个过程大概需要 10 分钟。

4.2.4　实验任务

本实验中参与人通过电脑终端进行匿名的社交互动。参与人最后真实的收益相关于彼此之间的决策。本实验使用的支付单位为 G\$，兑换比率为 1G\$ = 1.5 元。实验结束后，会依据参与人获得的点数兑换成现金进行支付。

本章实验中的具体任务与斯皮勒（Spiller，2016）实施的实验任务相似。两个实验的不同之处在于，本章实验中的参与人在进行上机决策之前会接受 15 分钟的 tDCS 阳极刺激或者阴极刺激，或者 30 秒的虚拟刺激。根据上述刺激情况的不同，本实验中总共包括 3 个设置，分别为：阳极刺激设置、阴极刺激设置和虚拟刺激设置。

所有实验参与人被随机分组，4 人一组，进行非对称公共物品博弈。在每一组当中，有两名拥有 35G\$ 的高初始禀赋参与人（A1，A2）和两名拥有 23G\$ 的低初始禀赋参与人（B1，B2）。所有实验参与人的收益都遵循以下收益函数：$\pi_i = X_i - x_i + 0.6 \sum_{i=1}^{4} x_i$，其中，$X_i$ 是其各自的初始禀赋，x_i 是每位实验参与人各自的贡献量，$\sum_{i=1}^{4} x_i$ 是某实验参与人所在小组的总贡献量。

在每轮实验开始时，实验参与人会被告知他们的身份类型（A1、A2、B1 和 B2）。确定自己的身份类型和所拥有的初始资金之后，每位实验参与人均需要回答以下问题：

（1）对于拥有不同初始资金的参与人而言，你认为投入多少资金到公共池中是合适的？即对于 A1 和 A2 来说是多少？（请用 0~35 之间的整数作答）；对于 B1 和 B2 来说是多少？（请用 0~23 之间的整数作答）

（2）对于拥有不同初始资金的参与人而言，你估计你们小组其他成员认为投入公共池中合适资金数量的均值是多少？即对于 A1 和 A2 来说是多少？（请用 0~35 之间的整数作答）；对于 B1 和 B2 来说是多少？（请用 0~23 之间的整数作答）

（3）对于拥有不同初始资金的参与人而言，你估计你们小组成员投入公共池中资金数量的均值是多少？即对于 A1 和 A2 来说是多少？（请用 0~35 之间的整数作答）；对于 B1 和 B2 来说是多少？（请用 0~23 之间的整数作答）

回答完毕之后，所有实验参与人按照分组，进行一次真实的公共物品投资决策。实验总共进行了 16 轮，在每轮实验中，实验参与人的身份类型都会被重新分配，并且实验参与人在每轮中的禀赋都是从初始情况开始。

为了避免顺序效应（order effect），本研究在实验中实施了伪随机。实验参与人并不会被告知实验总共进行多少轮。实验过程中也不对他们各自的贡献量或者收益等进行任何形式的反馈。

除了依据上述收益函数进行收益点数的计算外，所有实验参与人还会被告知，如果他们对他人或者所在小组群体的估计量越接近真实值，他们还可以获得额外的奖励。实验过程中，会随机抽取一轮，按照以下奖励规则进行奖励。如果其估计值与实际均值差值的绝对值小于 1，获得 3 元奖励；如果其估计值与实际均值差值的绝对值大于等于 1 且小于 2，获得 2 元奖励；如果其估计值与实际均值差值的绝对值大于等于 2 且小于 3，获得 1 元奖励。额外奖励将会以现金的形式在发放最终收益时一并支付。

4.3　实　验　结　果

首先，定义后文中所用的变量并介绍统计分析方法；其次，处理分析 4.2 节中所采集到的实验数据并对前文提出的假设进行检验。

4.3.1　变量定义与统计分析方法

1. 变量定义

本实验共包含五大类变量：合作信念类、设置类、参与人类、交互类和合作水平类，具体变量名称及相对应的解释如表 4.2 所示。

表 4.2　　　　　　　　　　变量定义

变量类型	变量代码	变量名称及描述
合作信念	Own. belief	关于自我的合作信念
	Other. belief	关于他人的合作信念
	Pg. belief	关于群体的合作信念

变量类型	变量代码	变量名称及描述
设置	阳极	tDCS 阳极刺激设置
	虚拟	tDCS 虚拟刺激设置
	阴极	tDCS 阴极刺激设置
参与人	HIGH	高初始禀赋的参与人（35G$）
	LOW	低初始禀赋的参与人（23G$）
交互类型	HIGH for HIGH	高初始禀赋参与人对高初始禀赋参与人的合作信念
	HIGH for LOW	高初始禀赋参与人对低初始禀赋参与人的合作信念
	LOW for HIGH	低初始禀赋参与人对高初始禀赋参与人的合作信念
	LOW for LOW	低初始禀赋参与人对低初始禀赋参与人的合作信念
合作水平	Cooperation. HIGH	高初始禀赋参与人 HIGH 的合作水平
	Cooperation. LOW	低初始禀赋参与人 LOW 的合作水平

实验中使用平均值评估合作信念水平（即实验中所问的问题）。本实验中总共测试三种类型的合作信念：（1）关于自我的合作信念 Own. belief（你认为投入多少资金到公共池中是合适的?）；（2）关于他人的合作信念 Other. belief（你估计你们小组其他成员认为投入公共池中合适资金数量的均值是多少?）；（3）关于集体的合作信念 Pg. belief（你估计你们小组成员投入公共池中资金数量的均值是多少?）。

根据参与人接受 tDCS 刺激类型的不同，实验中有三种设置：（1）阳极，即 tDCS 阳极刺激设置；（2）虚拟，即 tDCS 虚拟刺激设置；（3）阴极，即 tDCS 阴极刺激设置。

实验中涉及的参与人类型包括以下两种，即公共物品博弈中所涉的两种类型的参与人：（1）高初始禀赋的参与人 HIGH（35G$，A1 和 A2）；（2）低初始禀赋的参与人 LOW（23G$，B1 和 B2）。

实验中，上述两种类型的参与人两两交互汇报合作信念会产生四种类型的交互方式：（1）HIGH for HIGH，即高初始禀赋的参与人对高初始禀赋参与人的合作信念；（2）HIGH for LOW，即高初始禀赋的参与人对低初始禀赋参与人的合作信念；（3）LOW for LOW，即低初始禀赋的参与人对低初始禀赋参与人的合作信念；（4）LOW for HIGH，即低初始禀赋的参与人对高初始禀赋参与人的合作信念。

实验中社会困境中的合作水平用参与人的公共物品贡献量进行衡量。后续分析中包含以下两种社会合作水平类型：（1）Cooperation. HIGH，即高初始禀赋参与人 HIGH 的合作水平；（2）Cooperation. LOW，即低初始禀赋参与人 LOW 的合作水平。

2. 统计分析方法

关于自我的合作信念的分析主要包括以下三部分。首先，对关于自我的合作信念 Own. belief 进行总体均值比较，并使用双因素方差分析（two-way AVOVA）检验参与人类型和 tDCS 设置的主效应：2（实验参与人类型：HIGH 和 LOW）×3（tDCS 设置：阳极、虚拟和阴极）。其次，对比三种 tDCS 设置中关于自我的合作信念之间的差异，主要采用均值比较、单因素方差分析、T 检验和秩和检验进行分析。最后，对比分析不同身份类型的参与人之间关于自我的合作信念之间的差异，主要采用均值比较、单因素方差分析、T 检验、秩和检验以及变化比例分析。

关于他人的合作信念的分析主要包括以下三部分。首先，对关于他人的合作信念 Other. belief 进行总体均值比较，并使用双因素方差分析检验参与人类型和 tDCS 设置的主效应：2（实验参与人类型：HIGH 和 LOW）×3（tDCS 设置：阳极、虚拟和阴极）。其次，对比三种 tDCS 设置中关于他人的合作信念之间的差异，主要采用均值比较、单因素方差分析、Kruskal – Wallis 检验、T 检验和秩和检验进行分析。最后，使用同样的方法对比分析不同身份类型的参与人之间关于他人的合作信念之间的差异。

关于群体的合作信念的分析主要包括以下三部分。首先，对关于群体的合作信念 Pg. belief 进行总体均值比较，并使用双因素方差分析检验参与人类型和 tDCS 设置的主效应：2（实验参与人类型：HIGH 和 LOW）×3（tDCS 设置：阳极、虚拟和阴极）。其次，对比三种 tDCS 设置中关于群体的合作信念之间的差异，主要采用均值比较、单因素方差分析、Kruskal – Wallis 检验、T 检验和秩和检验进行分析。最后，使用同样的方法对比分析不同身份类型的参与人之间关于群体的合作信念之间的差异。

4.3.2　关于自我的合作信念

此部分的数据分析主要按照以下步骤进行：首先，分析关于自我的合作信念的均值；其次，对比不同设置中关于自我合作信念的差异；最后，对比不同身份类型的参与人之间关于自我合作信念的差异。

1. 关于自我的合作信念均值比较

在此部分，本研究着重分析不同禀赋的参与人在三种 tDCS 设置（阳极、虚拟和阴极）中，关于自我的合作信念 Own. belief 的平均值，具体结果如表 4.3 所示。

表 4.3　　三种设置中关于自我的合作信念（**Own. belief**）的均值

参与人	阳极	虚拟	阴极
HIGH	29. 15 (9. 96)	22. 67 (6. 43)	17. 04 (8. 82)
LOW	21. 00 (3. 97)	13. 93 (4. 82)	9. 53 (6. 14)

注：括号外数字为均值；括号内数字为相应的标准差。

表 4.3 中数据表明，从不同的设置之间来看，高初始禀赋的参与人 HIGH 比低初始禀赋的参与人 LOW 的自我信念高。其中，在 tDCS 阳极刺激设置中，高初始禀赋的参与人 HIGH 关于自我的合作信念为 29. 15（9. 96），低初始禀赋的参与人 LOW 关于自我的合作信念为 21. 00（3. 97）；在 tDCS 虚拟刺激设置中，高初始禀赋的参与人 HIGH 关于自我的合作信念为 22. 67（6. 43），低初始禀赋的参与人 LOW 关于自我的合作信念为 13. 93（4. 82）；在 tDCS 阴极刺激设置中，高初始禀赋的参与人 HIGH 关于自我的合作信念为 17. 04（8. 82），低初始禀赋的参与人 LOW 关于自我的合作信念为 9. 53（6. 14）。

这一结果说明，不同初始禀赋的参与人对其初始拥有的禀赋数量很敏感。换句话说，人们自身的社会地位或者是所拥有的原始资源会影响社会困境中的合作信念，这一结论与第 3 章结论相同。

此外，表 4.3 中数据显示，阳极设置中的均值高于虚拟设置中的均值（高初始禀赋的参与人 HIGH：29.15 > 22.67，低初始禀赋的参与人 LOW：21.00 > 13.93），阴极刺激设置中的均值低于虚拟刺激设置中的均值（高初始禀赋的参与人 HIGH：17.04 < 22.67，低初始禀赋的参与人 LOW：9.53 < 13.93）。从上述三种 tDCS 设置的总体均值数据来看，阳极刺激设置和阴极刺激设置中关于自我的合作信念均值与虚拟刺激设置中的均值都存在差异。假设 4 - 1、假设 4 - 1a、假设 4 - 2 和假设 4 - 2a 得到一定程度的验证。

为了进一步检验假设 4 - 1、假设 4 - 1a、假设 4 - 2 和假设 4 - 2a，本书使用双因素方差分析对 Own. belief 进行不同参与人类型和不同 tDCS 设置之间的比较：2（参与人的类型：HIGH 和 LOW）× 3（tDCS 设置：阳极、虚拟和阴极）。数据结果显示，tDCS 设置存在显著的主效应（$F[2, 162] = 39.57$，$p < 0.001$），参与人类型存在显著的主效应（$F[1, 163] = 56.54$，$p < 0.001$）。上述假设再次得到验证。

上述结果表明，在公共物品博弈刻画的社会困境中，tDCS 技术刺激 DLPFC 脑区显著改变了参与人之间的关于自我的合作信念。

2. 不同设置之间关于自我的合作信念比较

为了进一步分析对比不同设置之间的总体差异。首先，检验不区分身份类型时关于自我的合作信念在三种设置中的特点。其次，分析三种设置中关于自我的合作信念之间的总体差异。最后，分析同身份类型的参与人在三种设置之间的差异。

在不区分参与人身份类型的情况下，使用 one-way ANOVA 检验三种设置（阳极、虚拟和阴极）之间的差异，具体描述性统计结果如表 4.4 所示。

表 4.4　　三种设置中关于自我的合作信念的描述性统计

设置	观察值	均值	标准差	one-way ANOVA
阳极	27	25.07	8.56	$F = 29.52$ $p < 0.001$
虚拟	28	18.30	7.16	
阴极	27	13.29	8.43	

表4.4中数据结果显示，三种设置中关于自我的合作信念Own. belief存在显著差异（$F[2, 162] = 29.52$，$P < 0.001$），其中，关于自我的合作信念Own. belief在阳极刺激设置中的均值为25.07（$SD = 8.56$），关于自我的合作信念Own. belief在虚拟刺激设置中的均值为18.30（$SD = 7.16$），关于自我的合作信念Own. belief在阴极刺激设置中的均值为13.29（$SD = 8.43$）。

接下来，为进一步分析三种tDCS设置中关于自我的合作信念Own. belief之间的总体差异，本书使用T检验和秩和检验进行更深一步探讨。具体分析结果如图4.2所示。

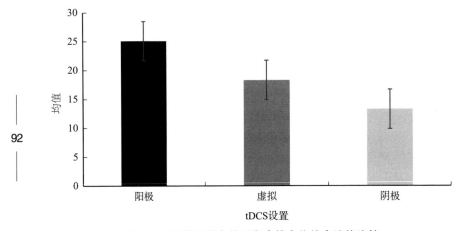

图4.2　三种设置中关于自我的合作信念均值比较

在tDCS阳极设置中关于自我的合作信念Own. belief显著高于虚拟刺激设置（$T = 4.845$，$P < 0.001$；$Z = 4.596$，$P < 0.001$）。在tDCS阴极刺激设置中关于自我的合作信念Own. belief显著低于虚拟刺激设置（$T = 3.798$，$P < 0.001$；$Z = 3.693$，$P < 0.001$）。

进一步的，在控制参与人身份类型的条件下，使用单因素方差分析分别检验高初始禀赋参与人HIGH和低初始禀赋参与人LOW在三种刺激设置（阳极、虚拟和阴极）之间的差异。具体结果分别如图4.3和图4.4所示。

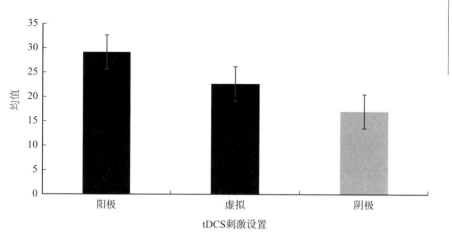

图 4.3　不同设置中 HIGH 类型自我信念的均值

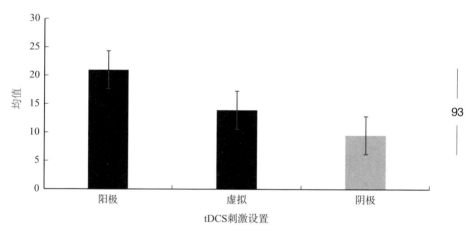

图 4.4　不同设置中 LOW 类型自我信念的均值

分析结果显示，对于高初始禀赋参与人 HIGH 类型而言，三种刺激设置之间存在显著差异（$F[2, 80] = 13.93$，$p < 0.001$）；对于低初始禀赋参与人 LOW 类型而言，三种刺激设置之间存在显著差异（$F[2, 80] = 35.68$，$p < 0.001$）。

上述结果再次表明，在公共物品博弈刻画的社会困境中，tDCS 技术刺激 DLPFC 脑区显著改变了参与人之间的关于自我的合作信念。

3. 不同身份类型间关于自我的合作信念比较

为了研究不同身份类型参与人之间关于自我的合作信念的差异，本书在三种不同的设置（阳极设置、阴极设置、虚拟设置）中，分别使用单因素方差分析对比高初始禀赋参与人 HIGH 和低初始禀赋参与人 LOW 之间关于自我的合作信念的差异。详细分析结果如下：

在 tDCS 阳极设置条件下，如图 4.5 所示，高初始禀赋参与人 HIGH 类型与低初始禀赋参与人 LOW 类型的关于自我的合作信念存在显著差异（$F[1, 52] = 15.58$，$p = 0.0002$）。这说明在相同的 tDCS 阳极设置条件下，参与人的身份类型会影响其关于自我的合作信念。

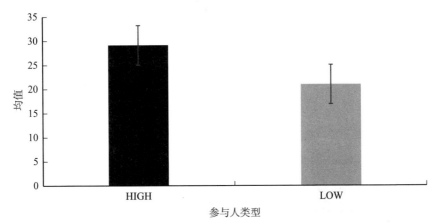

图 4.5   阳极刺激设置中参与人（HIGH 和 LOW）关于自我的合作信念

在 tDCS 虚拟设置条件下，如图 4.6 所示，高初始禀赋参与者 HIGH 类型与低初始禀赋参与者 LOW 类型的关于自我的合作信念存在显著差异（$F[1, 52] = 33.19$，$p < 0.001$）。

在 tDCS 阴极设置条件下，如图 4.7 所示，高初始禀赋参与者 HIGH 类型与低初始禀赋参与者 LOW 类型的关于自我的合作信念存在显著差异（$F[1, 52] = 13.64$，$p = 0.0005$）。

综合上述分析可以发现，两种不同类型的参与人关于自我的合作信念在 3 种刺激设置中都是存在显著差异的。这一结果说明，社会参与人的身份类型是其激发自我合作信念的重要因素。

那么，tDCS 对不同参与人类型关于自我的合作信念的改变是否存在不同呢？为了回答这一问题，本书分别计算了实验中的两种参与人类型经过 tDCS 阳极刺激和 tDCS 阴极刺激后关于自我的合作信念的改变程度。

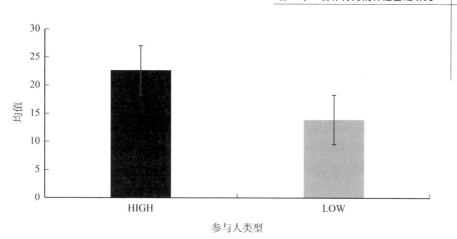

图 4.6 虚拟刺激设置中参与人（**HIGH** 和 **LOW**）关于自我的合作信念

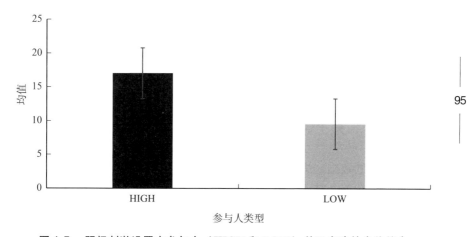

图 4.7 阴极刺激设置中参与人（**HIGH** 和 **LOW**）关于自我的合作信念

　　在 tDCS 阳极刺激设置中，与 tDCS 虚拟刺激设置相对比时，图 4.8 统计数据显示：高初始禀赋参与人 HIGH 的关于自我的合作信念 Own. belief 平均提升了 28.53%；低初始禀赋参与人 LOW 的关于自我的合作信念 Own. belief 平均提升了 50.77%。

　　在 tDCS 阴极刺激设置中，与 tDCS 虚拟刺激设置相对比时，图 4.8 统计数据显示：高初始禀赋参与人 HIGH 的关于自我的合作信念 Own. belief 平均降低了 24.88%；低初始禀赋参与人 LOW 的关于自我的合作信念 Own. belief 平均降低了 31.54%。

上述结果说明，tDCS 阳极刺激与 tDCS 阴极刺激对不同类型参与人的关于自我的合作信念的影响是不同的。相同的 tDCS 对低初始禀赋参与人关于自我的合作信念的改变大于对高初始禀赋参与人关于自我的合作信念的改变。

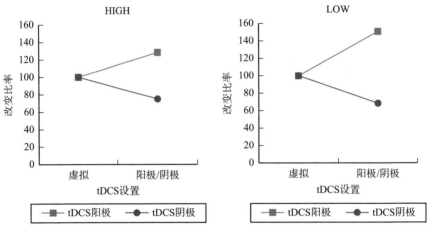

图 4.8　Own. belief 改变比率

4.3.3　关于他人的合作信念

此部分的数据分析主要按照以下步骤进行：首先，分析关于他人的合作信念的均值；其次，对比不同设置中关于他人的合作信念的差异；最后，对比不同身份类型的参与人之间关于他人的合作信念的差异。

1. 关于他人的合作信念均值比较

本部分着重分析在三种 tDCS 设置（阳极、虚拟和阴极）中，两种类型参与人两两交互过程中产生的关于他人的合作信念 Other. belief 的平均值，具体结果如表 4.5 所示。

表 4.5　三种设置中关于他人的合作信念（Other. belief）的均值

参与人交互类型	阳极	虚拟	阴极
HIGH for HIGH	30. 89 (6. 07)	19. 89 (5. 05)	13. 11 (6. 51)

参与人交互类型	阳极	虚拟	阴极
LOW for HIGH	29.18 (7.80)	20.96 (7.15)	14.64 (7.50)
HIGH for LOW	21.42 (3.08)	15.04 (4.06)	9.75 (6.08)
LOW for LOW	20.26 (4.42)	13.93 (4.83)	11.04 (5.97)

注：括号外数字为均值；括号内数字为相应的标准差。

在阳极设置中，表4.5中数据表明，高初始禀赋的参与人HIGH对同样是高初始禀赋的参与人HIGH的信念为30.89（6.07），高于高初始禀赋的参与人HIGH对低初始禀赋的参与人LOW的信念为21.42（3.08）；低初始禀赋的参与人LOW对高初始禀赋的参与人HIGH的信念为29.18（7.80），高于低初始禀赋的参与人LOW对低初始禀赋的参与人LOW的信念为20.26（4.42）。

在虚拟刺激设置中，表4.5中数据表明，高初始禀赋的参与人HIGH对同样是高初始禀赋的参与人HIGH的信念为19.89（5.05），高于高初始禀赋的参与人HIGH对低初始禀赋的参与人LOW的信念为15.04（4.06）；低初始禀赋的参与人LOW对高初始禀赋的参与人HIGH的信念为20.96（7.15），高于低初始禀赋的参与人LOW对低初始禀赋的参与人LOW的信念为13.93（4.83）。

在阴极刺激设置中，表4.5中数据表明，高初始禀赋的参与人HIGH对同样是高初始禀赋的参与人HIGH的信念为13.11（6.51），高于高初始禀赋的参与人HIGH对低初始禀赋的参与人LOW的信念为9.75（6.08）；低初始禀赋的参与人LOW对高初始禀赋的参与人HIGH的信念为14.64（7.50），高于低初始禀赋的参与人LOW对低初始禀赋的参与人LOW的信念为11.04（5.97）。

上述结果说明，不同禀赋的参与人对其初始拥有的禀赋数量很敏感。无论是高初始禀赋的参与人HIGH还是低初始禀赋的参与人LOW，他们都认为，相对于拥有低初始禀赋的参与人LOW而言，高初始禀赋的参与人 HIGH 应该会表现出更高的合作水平。如果用参与人拥有的不同的初始禀赋衡量现实生活中人们所拥有的社会资源，或者进一步来说，象征着不同的社会地位，那么，可以推断出以下结论：人们对社会中拥有不同身份的人有不一样的合作信念，人们往往认为越有能力为社会合作贡献力量的人，将更加倾向于合作。

2. 不同设置间关于他人的合作信念比较

从三种 tDCS 设置的总体数据来看，tDCS 阳极刺激设置中的均值与 tDCS 虚拟刺激设置中的均值存在显著差异，tDCS 阴极刺激设置中的均值与 tDCS 虚拟刺激设置中的均值存在显著差异，假设 4 - 1、假设 4 - 1b、假设 4 - 2 和假设 4 - 2b 得到一定程度的验证。

为了进一步检验假设 4 - 1b 和假设 4 - 2b，本书使用 two-way ANO-VA 对 Other. belief 进行不同设置间的比较：2（参与人的类型：HIGH 和 LOW）×3（tDCS 设置：阳极、虚拟和阴极）。实验数据分析结果显示，tDCS 设置存在显著的主效应（$F[2, 329] = 138.38$，$p < 0.001$），同时，参与人类型存在显著的主效应（$F[1, 330] = 89.04$，$p < 0.001$）。此外，tDCS 设置与参与人类型之间的交互效应也显著（$F[2, 329] = 6.58$，$p = 0.002$）。假设 4 - 1b 和假设 4 - 2b 再次得到验证，这一结果表明，在公共物品博弈刻画的社会合作困境中，tDCS 显著改变了社会困境中参与人之间的关于彼此的合作信念。

另外，本书使用 one-way ANOVA、Kruskal - Wallis 检验、T 检验和秩和检验分析三种 tDCS 设置（阳极、虚拟和阴极）中关于他人的合作信念 Other. belief 之间的差异，具体结果如图 4.9 所示。

图 4.9 中数据显示，Other. belief 在阳极刺激设置中的均值为 25.44（SD = 7.26），在虚拟刺激设置中的均值为 17.46（SD = 6.13），在阴极刺激设置中的均值为 12.13（SD = 6.72）。在阳极刺激设置中关于他人的合作信念 Other. belief 显著高于虚拟刺激设置（T = 8.824，P < 0.001；Z = 8.031，P < 0.001）。在阴极刺激设置中关于他人的合作信念 Other. belief 显著低于虚拟刺激设置（T = 6.190，P < 0.001；Z = 6.294，P < 0.001）。

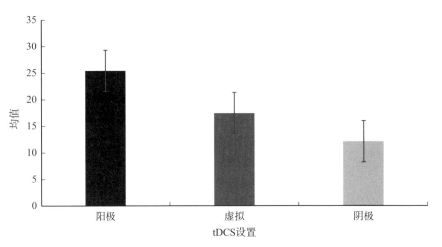

图 4. 9 三种设置中关于他人的合作信念均值比较

3. 不同身份类型间关于他人的合作信念比较

使用 two-way ANOVA 比较三种刺激设置下四种不同的参与人交互类型的关于他人的合作信念 Other. belief 的差异：4 (参与人交互类型：HIGH for HIGH、HIGH for LOW、LOW for HIGH、LOW for LOW) × 3 (tDCS 设置：阳极、虚拟、阴极)。分析结果显示，tDCS 设置存在显著的主效应 ($F[2, 329] = 137.64$, $p < 0.001$)，参与人交互类型存在显著的主效应 ($F[3, 328] = 29.60$, $p < 0.001$)。

此外，高初始禀赋参与人对高初始禀赋参与人 HIGH for HIGH 的关于他人的合作信念 Other. belief 在三种 tDCS 刺激设置中存在显著差异 ($F[2, 80] = 63.36$, $p < 0.001$；Kruskal – Wallis 检验 $P < 0.001$)；高初始禀赋参与人对低初始禀赋参与人 HIGH for LOW 的关于他人的合作信念 Other. belief 在三种不同 tDCS 刺激设置中存在显著差异 ($F[2, 80] = 44.28$, $p < 0.001$；Kruskal – Wallis 检验 $P < 0.001$)；低初始禀赋参与人对高初始禀赋参与人 LOW for HIGH 的关于他人的合作信念 Other. belief 在三种刺激设置中存在显著差异 ($F[2, 80] = 26.06$, $p < 0.001$；Kruskal – Wallis 检验 $P < 0.001$)；低初始禀赋参与人对低初始禀赋参与人 LOW for LOW 的关于他人的合作信念 Other. belief 在三种刺激设置中存在显著差异 ($F[2, 80] = 23.24$, $p < 0.001$；Kruskal – Wallis 检验 $P < 0.001$)。

这一结果说明，在公共物品博弈刻画的社会困境中，关于他人的合作信念与参与人的身份类型以及 DLPFC 都有着很重要的关联。

在 tDCS 阳极刺激设置中，与 tDCS 虚拟刺激设置相对比时，图 4.10 统计数据显示：高初始禀赋参与人对高初始禀赋参与人 HIGH for HIGH 的关于他人的合作信念 Other. belief 平均提升 55.30%；高初始禀赋参与人对低初始禀赋参与人 HIGH for LOW 的关于他人的合作信念 Other. belief 平均提升 41.13%；低初始禀赋参与人对高初始禀赋参与人 LOW for HIGH 的关于他人的合作信念 Other. belief 平均提升 39.27%；低初始禀赋参与人对低初始禀赋参与人 LOW for LOW 的关于他人的合作信念 Other. belief 平均提升 34.71%。

在 tDCS 阴极刺激设置中，与 tDCS 虚拟刺激设置相对比时，图 4.10 统计数据显示：高初始禀赋参与人对高初始禀赋参与人 HIGH for HIGH 的关于他人的合作信念 Other. belief 平均下降 34.09%；高初始禀赋参与人对低初始禀赋参与人 HIGH for LOW 的关于他人的合作信念 Other. belief 平均下降 34.41%；低初始禀赋参与人对高初始禀赋参与人 LOW for HIGH 的关于他人的合作信念 Other. belief 平均下降 30.15%；低初始禀赋参与人对低初始禀赋参与人 LOW for LOW 的关于他人的合作信念 Other. belief 平均下降 35.17%。

这一结果说明，tDCS 阳极刺激与 tDCS 阴极刺激对参与人之间关于他人的合作信念的影响不同，假设 4 - 1 和假设 4 - 2 得到部分验证。

同时，在三种 tDCS 设置中，相同身份类型参与人的交互类型（包括高初始禀赋参与人对高初始禀赋参与人 HIGH for HIGH 和低初始禀赋参与人对低初始禀赋参与人 LOW for LOW）的关于他人的合作信念 Other. belief 之间存在显著差异（$F[2, 163] = 74.03$，$P < 0.001$；Kruskal - Wallis 检验 $P < 0.001$）；不同身份类型参与人的交互类型（包括：高初始禀赋参与人对低初始禀赋参与人 HIGH for LOW 和低初始禀赋参与人对高初始禀赋参与人 LOW for HIGH）的关于他人的合作信念 Other. belief 之间存在显著差异（$F[2, 163]) = 25.26$，$P < 0.001$；Kruskal - Wallis 检验 $P < 0.001$）。

这一结果说明，相同的 tDCS 对不同身份类型的人产生的影响可能不完全相同，或者说，尽管 tDCS 刺激 DLPFC 脑区可以影响人们之间彼此合作的信念，但同时这不是唯一的影响因素，外在的制度框架（如本研究中的身份）也可能会对社会合作参与人之间的合作信念产生影响。

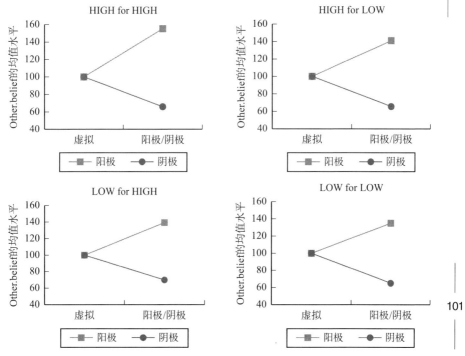

图 4.10　Other. belief 的变化比率

4.3.4　关于群体的合作信念

此部分的数据分析主要按照以下步骤进行：首先，分析关于群体的合作信念的均值；其次，对比不同设置中关于群体合作信念的差异；最后，对比不同身份类型的参与人关于群体合作信念的差异。

1. 关于群体的合作信念均值比较

本部分着重分析在三种 tDCS 设置（阳极、虚拟和阴极）中，两种类型参与人两两交互过程中产生的关于群体的合作信念 Pg. belief 的平均值，具体结果如表 4.6 所示。

在阳极设置中，表 4.6 中数据的结果表明：高初始禀赋的参与人 HIGH 对同样是高初始禀赋的参与人 HIGH 的关于群体的合作信念为

27.63（9.00），高于高初始禀赋的参与人 HIGH 对低初始禀赋的参与人 LOW 的关于群体的合作信念 19.81（5.68）；低初始禀赋的参与人 LOW 对高初始禀赋的参与人 HIGH 的关于群体的合作信念为 28.74（8.52），高于低初始禀赋的参与人 LOW 对低初始禀赋的参与人 LOW 的关于群体的合作信念为 17.96（6.37）。

与阳极设置中的结果类似，在虚拟刺激设置中，表 4.6 中数据的分析结果也表明：高初始禀赋的参与人 HIGH 对同样是高初始禀赋的参与人 HIGH 的关于群体的合作信念为 18.57（5.48），高于高初始禀赋的参与人 HIGH 对低初始禀赋的参与人 LOW 的关于群体的合作信念 14.14（4.37）；低初始禀赋的参与人 LOW 对高初始禀赋的参与人 HIGH 的关于群体的合作信念为 18.61（7.00），高于低初始禀赋的参与人 LOW 对低初始禀赋的参与人 LOW 的关于群体的合作信念为 13.25（5.67）。

类似的，在阴极刺激设置中，表 4.6 中数据的结果表明：高初始禀赋的参与人 HIGH 对同样是高初始禀赋的参与人 HIGH 的关于群体的合作信念为 12.07（5.58），高于高初始禀赋的参与人 HIGH 对低初始禀赋的参与人 LOW 的关于群体的合作信念 8.71（5.08）；低初始禀赋的参与人 LOW 对高初始禀赋的参与人 HIGH 的关于群体的合作信念为 13.25（5.89），高于低初始禀赋的参与人 LOW 对低初始禀赋的参与人 LOW 的关于群体的合作信念为 8.89（4.55）。

表 4.6　　三种设置中关于群体的合作信念（Pg. belief）的均值

参与人交互类型	阳极	虚拟	阴极
HIGH for HIGH	27.63 （9.00）	18.57 （5.48）	12.07 （5.58）
LOW for HIGH	28.74 （8.52）	18.61 （7.00）	13.25 （5.89）
HIGH for LOW	19.81 （5.68）	14.14 （4.37）	8.71 （5.08）
LOW for LOW	17.96 （6.37）	13.25 （5.67）	8.89 （4.55）

注：括号外数字为均值；括号内数字为相应的标准差。

上述三种设置中的结果说明，不同禀赋的参与人对其拥有的初始禀赋的数量很敏感。在公共物品刻画的社会困境中，参与人对彼此之间关于群体合作信念的估计与参与人自身的身份类型有关。

2. 不同设置间关于群体的合作信念比较

从三种 tDCS 设置的总体数据来看，阳极刺激设置中的均值与虚拟刺激设置中的均值存在显著差异，阴极刺激设置中的均值与虚拟刺激设置中的均值存在显著差异，假设 4 – 1c 和假设 4 – 2c 得到一定程度的验证。

为了进一步检验假设 4 – 1c 和假设 4 – 2c，本书使用 two-way ANOVA 对关于群体的合作信念 Pg. belief 进行不同设置之间的比较：2（参与人的类型：HIGH 和 LOW）×3（tDCS 设置：阳极、虚拟和阴极）。分析结果显示，tDCS 设置存在显著的主效应（$F[2, 329] = 114.51$，$p < 0.001$），参与人类型存在显著的主效应（$F[1, 330] = 74.83$，$p < 0.001$）。同时，tDCS 设置与参与人类型之间的交互效应也显著（$F[2, 329] = 5.93$，$p = 0.003$）。假设 4 – 1c 和假设 4 – 2c 再次得到验证，这一结果表明，在公共物品博弈刻画的社会困境中，tDCS 显著改变了社会参与人关于群体的合作信念。

另外，本书使用 one-way ANOVA、Kruskal – Wallis 检验、T 检验和秩和检验分析三种 tDCS 设置中关于群体的合作信念 Pg. belief 之间的差异。Pg. belief 在阳极刺激设置中的均值为 23.54（SD = 8.80），在虚拟刺激设置中的均值为 16.14（SD = 6.15），在阴极刺激设置中的均值为 10.73（SD = 5.59）。在阳极刺激设置中关于群体的合作信念 Pg. belief 显著高于虚拟刺激设置（$T = 7.245$，$P < 0.001$；$Z = 7.073$，$P < 0.001$）。在阴极刺激设置中关于群体的合作信念 Pg. belief 显著低于虚拟刺激设置（$T = 6.888$，$P < 0.001$；$Z = 6.571$，$P < 0.001$）（见图 4.11）。

3. 不同身份类型间关于群体的合作信念比较

本部分使用 two-way ANOVA 比较三种设置中四种不同的参与人交互方式 Pg. belief 的差异：4（参与人交互类型：HIGH for HIGH、HIGH for LOW、LOW for HIGH、LOW for LOW）×3（tDCS 设置：阳极、虚拟、阴极）。分析结果显示，tDCS 设置存在显著的主效应（$F[2, 329] =$

114. 29，p < 0.001），参与人交互类型存在显著的主效应（F[3，328] = 25. 35，p < 0.001）。

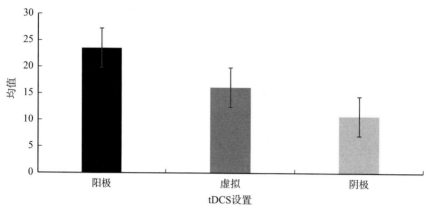

图 4.11　三种设置中关于群体的合作信念均值比较

　　接下来，使用 one-way ANOVA 分别比较四种参与人交互类型在三种 tDCS 设置之间的差异。分析结果显示：高初始禀赋参与人对高初始禀赋参与人 HIGH for HIGH 的关于群体的合作信念 Pg. belief 在三种设置中存在显著差异（F[2，80] = 35. 66，p < 0.001；Kruskal – Wallis 检验 P < 0.001）；高初始禀赋参与人对低初始禀赋参与人 HIGH for LOW 的关于群体的合作信念 Pg. belief 在三种设置中存在显著差异（F[2，80] = 33. 03，p < 0.001；Kruskal – Wallis 检验 P < 0.001）；低初始禀赋参与人对高初始禀赋参与人 LOW for HIGH 的关于群体的合作信念 Pg. belief 在三种设置中存在显著差异（F[2，80] = 32. 70，p < 0.001；Kruskal – Wallis 检验 P < 0.001）；低初始禀赋参与人对低初始禀赋参与人 LOW for LOW 的关于群体的合作信念 Pg. belief 在三种设置中存在显著差异（F[2，80] = 18. 22，p < 0.001；Kruskal – Wallis 检验 P < 0.001）。

　　上述结果说明，在公共物品刻画的社会困境中关于群体的合作信念与参与人的身份类型以及 DLPFC 脑区都有着很重要的关联。

　　为了进一步证明这一结论，分别计算四种参与人交互类型在刺激设置（阳极和阴极）与无刺激设置（虚拟）中合作信念的变化率，结果如图 4. 12 所示。

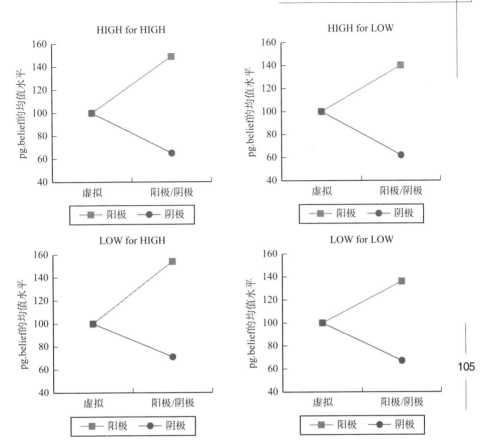

图4.12 Pg. belief 变化比率

在 tDCS 阳极刺激设置中，与 tDCS 虚拟刺激设置相对比时，图 4.12 统计数据显示：高初始禀赋参与人对高初始禀赋参与人 HIGH for HIGH 的关于群体的合作信念 Pg. belief 平均提升 48.79%；高初始禀赋参与人对低初始禀赋参与人 HIGH for LOW 的关于群体的合作信念 Pg. belief 平均提升 40.10%；低初始禀赋参与人对高初始禀赋参与人 LOW for HIGH 的关于群体的合作信念 Pg. belief 平均提升 54.43%；低初始禀赋参与人对低初始禀赋参与人 LOW for LOW 的关于群体的合作信念 Pg. belief 平均提升 35.55%。

类似的，在 tDCS 阴极刺激设置中，与 tDCS 虚拟刺激设置相对比时，图 4.12 统计数据显示：高初始禀赋参与人对高初始禀赋参与人 HIGH for HIGH 的关于群体的合作信念 Pg. belief 平均下降 35.00%；高初始禀赋参与人对低初始禀赋参与人 HIGH for LOW 的关于群体的合作信念 Pg. belief 平均下降 38.40%；低初始禀赋参与人对高初始禀赋参与人 LOW for HIGH 的关于群体的合作信念 Pg. belief 平均下降 28.80%；低初始禀赋参与人对低初始禀赋参与人 LOW for LOW 的关于群体的合作信念 Pg. belief 平均下降 32.91%。上述结果说明，tDCS 阳极刺激与阴极刺激对不同参与人类型之间关于群体的合作信念的影响是不同的。

此外，在三种 tDCS 设置中，具有相同身份类型参与人的交互类型（包括高初始禀赋参与人对高初始禀赋参与人 HIGH for HIGH 和低初始禀赋参与人对低初始禀赋参与人 LOW for LOW）的关于群体的合作信念 Pg. belief 之间存在显著差异（$F[2, 163] = 74.03$，$P < 0.001$；Kruskal – Wallis 检验 $P < 0.001$）；具有不同身份类型参与人的交互类型（包括高初始禀赋参与人对低初始禀赋参与人 HIGH for LOW 和低初始禀赋参与人对高初始禀赋参与人 LOW for HIGH）的关于群体的合作信念 Pg. belief 之间存在显著差异（$F[2, 163]) = 25.26$，$P < 0.001$；Kruskal – Wallis 检验 $P < 0.001$）。

这一结果说明，相同的 tDCS 对不同身份类型的人来说，产生的影响可能不完全相同，或者说，用 tDCS 技术刺激 DLPFC 脑区改变了人们之间彼此合作的信念，但同时这不是唯一的决定因素，外在的制度框架（如本研究中的参与者在实验中被赋予的身份）也可能会对社会困境中参与人关于群体的合作信念产生影响。

4.4　本章小结

本章作为整体研究的核心内容之一，在第 2 章文献梳理和第 3 章行为研究的基础上，以社会困境中的合作信念为切入点设计神经实验，通过 tDCS 技术调节 DLPFC 的兴奋性，与第 3 章的行为研究相对应，从关于自我的合作信念、关于他人的合作信念和关于群体的合作信念三个维度，探索社会困境中合作信念背后的神经机制，继而明晰社会困境中合作行为的神经基础。

本章的核心目的是研究 DLPFC 脑区与社会困境中的合作信念的因果关系。分别探究三种合作信念与 DLPFC 脑区活跃性的关系，即关于自我的合作信念与 DLPFC 脑区活跃性的关系、关于他人的合作信念与 DLPFC 脑区活跃性的关系和关于群体的合作信念与 DLPFC 脑区活跃性的关系。

为了实现上述研究目的，本章实验首先将实验参与人随机分成了三组，使用 tDCS 设备分别对其 DLPFC 脑区进行了阳极刺激、虚拟刺激和阴极刺激；其次，在公共物品博弈的框架下，直接测量实验参与人的合作信念（即关于自我的合作信念、关于他人的合作信念和关于群体的合作信念）；最后，对比三种设置中合作信念的高低，发现合作信念与 DLPFC 脑区活跃性的因果关系，进而明晰社会困境中合作行为的神经基础。

本章研究主要探讨了以下三个方面：第一，是否 DLPFC 脑区活跃性越高（低），关于自我的合作信念越高（低）；第二，是否 DLPFC 脑区活跃性越高（低），关于他人的合作信念越高（低）；第三，是否 DLPFC 脑区活跃性越高（低），关于群体的合作信念越高（低）。

本章研究发现，与 tDCS 虚拟刺激设置对照时，tDCS 真实刺激设置（阳极或者阴极）中增强或者是抑制 DLPFC 脑区的活跃性，可以相应地提升或者降低社会困境中参与人的合作信念水平。这一实验结果揭示了 DLPFC 脑区对社会困境中合作信念的重要作用，明晰了社会困境中合作行为的神经基础。

这一实验结果与先前的文献研究结果相一致（Spitzer et al.，2007；Ruff et al.，2013），本章中的实验结果再一次验证了 DLPFC 脑区是参与支持社会合作的神经机制之一。这一发现并不是一个巧合，反而在一定程度上说明，DLPFC 在参与社会合作的过程中是一个至关重要的大脑区域，并且这种重要性不仅只存在于基于最后通牒博弈框架且包含惩罚的社会合作情境中，同时也存在于基于公共物品博弈框架且无惩罚的自愿性社会合作情境中。

对于这种现象的原因，本章尝试从以下角度进行解释。尽管在含有惩罚的最后通牒博弈中，DLPFC 脑区维护社会合作的基本考量是社会公平，而在不包含惩罚的公共物品博弈中，DLPFC 脑区维护社会合作的基本考量是参与人各自的合作水平。但是，无论是对社会公平的考量，还是对合作水平的考量，DLPFC 脑区发挥作用的根本目的都是维护社会合作正常运转。因此，两者的基本神经机制相同也是符合逻辑的。

与现有研究相比较，本章的实验主要关注 DLPFC 脑区在自愿性合作框架中与合作信念的关系。尽管拉夫等（Ruff et al.，2013）测量了信念，但并没有对信念进行单独测量，同时也没有直接评估参与人在每种设置条件下的信念。而在本章的实验研究中，不仅测量了不同设置条件下的多种合作信念，同时还考察了不同身份类型（高初始禀赋类型和低初始禀赋类型）之间的合作信念。此外，参与人的三类合作信念使用同样的方式（即自我汇报的方式）进行直接测量。

与本章基于公共物品博弈框架的研究方法不同，拉夫等（Ruff et al.，2013）是基于最后通牒博弈框架。对比公共物品博弈框架和最后通牒博弈框架，可以发现，最后通牒博弈是一种零和博弈，提议者和响应者之间的决策权力是不平等的，在最后通牒博弈框架中，提议者是绝对占优的，因为他被赋予分配权而响应者却只有接受权。而在公共物品博弈中，每一个参与人的决策权力都是平等的。因此，这两种框架的不同可能是导致研究结果不同的主要原因。

在本章的实验中，合作信念的汇报是基于参与人自身对合作的认知，而不是外源性的。也就是说，在本章的实验中，参与人无论是对关于自我的合作信念的汇报，还是对关于他人的合作信念的汇报，或者对关于群体的合作信念的汇报，都不是基于初始禀赋的准确数额或特定比例。

例如，在公共物品博弈时，某一个小组中的 A1 可能认为 B1 应该贡献 10G\$ 的初始禀赋资金，因而他会根据自己的判断报告自己对 B1 的信念。显然，这 10G\$ 只是针对这组中的 A1 而言，对于同组中的 A2、B2 不适用，A2、B2 跟 A1 一样都有着自己的标准。而在拉夫等（Ruff et al.，2013）的研究中，实验中参与人对"信念"的汇报统一使用的是"平分"的公平准则，即最优的决策是在两个参与人之间平均分配初始资金。①

从上述角度来看，在本章的实验中，基于公共物品博弈的研究框架所测试的合作信念源于参与人自身对合作的判断。而在先前的研究中，基于最后通牒博弈的研究框架所测试的合作信念源于外部的确定的合作规则。因此，本研究认为，没有外部惩罚约束的公共物品博弈比有惩罚

---

① 在桑菲等（Sanfey et al.，2014）中第 173 页的英文原句是："The authors suggest that participants are using a fairness norm of 'equity', whereby the optimal decision would be to split the pot of money equally between both players"。

约束的最后通牒博弈在反映人们自愿合作的真实信念方面更有效。

　　此外，有研究表明，惩罚很容易引发与认知控制相关的负面情绪，消极情绪会导致干扰信念的主动性攻击和攻击性回应，继而导致社会合作偏好被挤出，合作信念也因此被改变。然而，公共物品博弈背后的真实意图却没有这样的负面影响（Dambacher et al.，2015；Riva et al.，2015）。这一现象也在一定程度上说明，本研究基于公共物品博弈的研究框架比最后通牒博弈更适用于研究社会困境中的合作信念。因此，本研究为未来社会困境中合作信念的研究提供了一个新的研究范式。

　　本章在方法论方面的一个贡献是，在实验设计上允许直接测量参与人的合作信念。这种实验设计可以衡量适用于特定情况的社会合作信念，并为与社会合作相关的自愿性行为提供信息。例如，在询问参与人他们对具有不同身份类型（高初始禀赋参与人 A1 和 A2 以及低初始禀赋参与人 B1 和 B2）的参与人的信念时，其基本的出发点就是假定合作对象是自愿参与社会合作的。实验结果显示，人们对同类型参与人信念进行估计时受到对方身份类型和自身身份类型的双重影响，也就是说参与人对于身份类型的感知非常敏感。本研究将这种现象定义为"身份效应"，这也印证了中国的一句俗语"物以类聚，人以群分"。

第5章 合作行为的助推机制研究

本章基于第3章合作行为的信念基础和第4章合作行为的神经基础，以社会困境治理机制设计为关注点展开研究。本章的目的在于探索可以改变社会困境中参与人的合作行为，继而提升社会合作水平的助推机制。首先，运用比较制度实验展开研究，尝试开发可以有效提升社会困境中合作水平的助推机制。其次，本章通过对合作信念和助推机制的互动实验研究，探讨本书提出的助推机制对于社会困境中合作行为的影响机理。

5.1 助推机制的制度效应研究

首先，阐述本章中实验的原理，结合该实验原理和现有文献研究，提出本章的研究假设；其次，在上述实验原理与研究假设的基础上，设计检验自省和他省两种助推机制的实验；最后，定义变量、处理分析采集到的实验数据，对前文提出的假设进行检验。

5.1.1 实验原理与研究假设

本部分首先阐述本章中实验的原理，其次结合该原理并依据现有文献研究提出本章的研究假设，为后续论述奠定理论基础。

1. 实验原理

制度往往是针对多主体合作专门设计的规则，它大都是所在群体按照一致同意或多数同意原则通过的，其实质上是一种公共选择过程

（Aoki，2001）。从制度的特征和效率的不同维度，可以对制度加以分类，例如将制度分为"建制的制度"（organic institution）和"认知的制度"（epistemic institution），其中"建制的制度"又包括"创立性制度"（constitutive institution）和"调节性制度"（regulative institution）（董志强，2008）。不论是建制的制度还是认知的制度都可以被博弈论加以概括，此时制度被理解为机制设计（Hurwicz，2010）、重复博弈规则（Schotter，1981；Axcelrod，1984；Lewis，2008）和行为人的演化博弈（Sugden，1989；Bowles，2006）。

演化博弈在分析制度时强调从大群体的行为协调入手，着重分析在缺乏第三方实施力量的情况下，制度如何在分散决策的各群体之间生成和演化，而这种自我秩序的实施目的就是固化个人大脑中的行为规则——"惯例"，使得在给定的状态下，人们会自然而然地或者在社会压力下采取某种特定的行为，将决策情景和实际行动联系起来。决策过程中，信息至关重要（Simon，1976）。如果某种机制可以改变人们合作过程中的信息，那么这种制度就可能改变人们的决策行为，这是制度效应显现的过程。

第3章和第4章的研究从社会困境治理的角度观察人们的合作行为，分别从行为层面和神经层面解析了社会困境中合作行为的微观基础。基于此，如果某种机制可以改变参与人的合作信念，那么其是否可以改善社会困境，提升人们的合作水平呢？

为验证上述猜想，本研究使用比较制度实验对比分析不同制度决策环境中参与人的合作行为。并基于公共物品博弈刻画的社会困境，嵌套相应的制度规则进行检验，开发可以改善社会困境的治理机制。

公共物品实验中，个体的效应函数为 $u_i = m - x_i + \theta \sum_{i=1}^{n} x_i$（$1/n < \theta < 1$ 且 $\theta > 0$），其中，u_i、x_i 分别是个体 i 的总效应和公共物品贡献量，m 是初始禀赋，θ 是系数（个体从公共物品中的获益程度），$\sum_{i=1}^{n} x_i$ 是公共物品总供给量。

对个体的效应函数中 x_i 求导可得：$\partial_{u_i}/\partial_{x_i} = \theta - 1 < 0$，这意味着个体存在"搭便车"的动机。群体的总效应 $\sum_{i=1}^{n} u_i = \sum_{i=1}^{n} m + (n\theta -$

111

1) $\sum_{i=1}^{n} x_i = nm + (n\theta - 1) \sum_{i=1}^{n} x_i$ $(1/n < \theta < 1$ 且 $\theta > 0)$，对 x_i 求导得：$\partial(\sum_{i=1}^{n} u_i)/\partial_{xi} = n\theta - 1 > 0$，这意味着，个体都贡献出自己的全部初始禀赋时群体效应最大。

本部分基于上述理论分析和公共物品框架进行实验室实验，重点考察自省和他省对社会困境中合作行为的助推作用。在基准公共物品实验的基础上嵌套自省和他省规则，如图 5.1 所示。

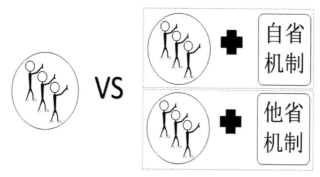

图 5.1　助推机制比较制度实验原理示意

具体来说，就是使用比较制度实验进行探索性研究。后续实验中需要有三种设置：第一种是基准组，即一般的公共物品博弈，将此博弈中的实验参与人的贡献量水平作为基准使用；第二种，在上述公共物品博弈的基础上加入内省式的自省规则，考察该博弈中实验参与人的贡献量水平，如果该贡献量水平高于基准的贡献量，就可以证明自省机制的助推作用；第三种，在上述公共物品博弈的基础上加入评判引导式的他省规则，同样考察该博弈中实验参与人的贡献量水平，如果该贡献量水平高于基准的贡献量，就可以证明他省机制的助推作用。

2. 研究假设

高雷（2011）提出了自我价值负载理论，他认为，有限理性的本质在于经济主体无法完全理性地看待自己和对待自己，这一本质的根源在于，人无法把自己当作无价值负载的客体，即经济主体总是受到自我主体的影响，进而导致过高地估计他们拥有的物品的价值。这就使得集体利益与个人利益产生冲突，冲突的管理就成为改善群体合作、提升合作效率必不可少的环节。

冲突的管理存在多种方式。在现有的研究中，乔斯佛德（Tjosvold，1998）研究发现，积极的冲突管理方式能够有效地缓解集体内冲突带来的负面影响，形成良好的群体互动。同样的，乔斯佛德（Tjosvold，1990）和孙卫等（2014）研究发现，合作性冲突管理有利于提升群体的任务反思水平，而群体反思水平越高，对业绩提高的促进作用就越大。

此外，有研究表明，惩罚可以在一定程度上避免冲突导致的合作破裂，特别是当同一个群体中同时参与决策的不同个体获得公共物品的收益不均等时，会导致优势收益和劣势收益成员冲突，增加合作的难度，但是惩罚促进合作的效果依然明显（宋紫峰等，2011；连洪泉等，2013）。也有学者研究发现，即使没有（实质）惩罚的监督者，可置信的群体惩罚也能激发出有效率的努力水平。外部监督惩罚机制的存在，有利于实现群体内良好的互动，可以为全体成员之间建立起基本的信任提供制度层面上的保障（Holmström，1982）。在公共物品情境下，存在信任就会激发参与人在社会困境中的合作信念（Mellor et al.，2004；Leonard et al.，2010），继而改变自己的合作行为。

此外，就个人而言，人们天然具备的"言行一致"的愿望，也使得群体合作存在可能性。生活中，我们都有过这样一种体验：一旦作出了一个选择或者是坚持了某个立场，就会立即受到来自自己内心和外部的压力，"言而无信""出尔反尔"的内疚、放弃立场和违信的成本都会迫使我们按照之前所承诺的那样去做。这背后的机理是，一方面，来自内心的压力，内疚因素会产生负面情绪（Dufwenberg，2004；Pelligra，2011），人们对负面情绪的抵触会反向、间接地促发亲社会行为，将自己的合作行为调整到与之前树立的自我形象相一致；另一方面，外部隐形的压力，也会迫使人们按照他人对自己形象的感知期望调整自己的合作行为。在这内外压力的双重作用之下，人们通常都会想方设法地以实际行动证明自己遵守了之前的决定，为自己树立"言而有信"的正面形象。

复杂的社会合作环境对我们的体力、脑力都提出了极为苛刻的要求，社会成员间评判后惩罚威胁的存在和"一致性"处事原则的引导具有促进合作的效应。

综合以上分析，提出本章的假设 5 - 1。

113

假设 5-1：在社会困境中，基于评判和引导的他省制度对参与人的合作行为具有助推作用，表现为公共物品贡献量增大、合作水平升高。

在个人决策方面，内省是指人们对于自身主观经验及其变化的观察，它不是指在现象发生的时刻立刻进行的观察，而是指对心理现象所遗留的"最初记忆"的观察，是对先前行为进行反思的过程，是一种个人修养提升的途径。中国自古看重个人修养，《论语》中提出的"吾日三省吾身"是中国人民自古以来就具备内省反思意识的有力证据。五千年文明沉淀的丰富经验和思想教育理念为自我教育和改造搭建了平台，也培养了人们在决策时依据以往经验遵循"惯例"的习惯——特别看重和善于总结个人的以及集体的智慧与经验（沈德灿，1986）。

在群体决策方面，张文勤等（2011）和袁庆宏等（2015）研究发现，群体反思对群体效能能产生积极影响，经常反省过去并根据未来环境变化做出调整的群体，更有可能探讨和应对环境变化引发的挑战。史丽萍等（2013）也发现，行为控制正向调节群体自省性，结果控制负向调节群体自省性。有学者研究有着类似的发现，高自省性的群体善于反思、讨论，群体成员各施所长、协调合作，相互鼓励、彼此尊重，提升心理安全感，实现相对理性的选择（Somech，2006）。通过反思，群体成员首先能够对决策环境作出迅速而准确的辨别和分析，进而弄清楚要解决的问题是什么，明确自己要做什么，其次对自己的行为进行调整，最后选择正确的方式解决亟待解决的问题。

此外，心理学中的社会认同原理也认为，当我们看到别人都在做相同的事情，就会觉得这种行为是恰当的或符合社会规范的。现实生活中也确实如此，人们会不同程度地参考别人的行为对自己的行为作出一定的调整，人们会倾向于认为，大多数人都在做的事情通常是正确的或者说是应该做的事情，无论是出于跟风或是决策保险性的考虑，特别是在当事人无所适从时，这种效应更加明显。

综合以上分析，提出本章的假设 5-2。

假设 5-2：在社会困境中，基于内省的自省制度对参与人的合作行为具有助推作用，表现为公共物品博弈中参与人的贡献量增大、合作水平升高。

他省源于外部社会群体环境对个体行为的约束，自省源于个体自身内部心理的行为评价。这可以分别归结于人与生俱来的两个方面的特征：一方面，从社会人的角度来看，每一位社会成员都具备社会身份，社会经济环境、社会现行制度规范从外部对人们的决策行为作出了规范、要求和限制；另一方面，从自然人的角度来看，每一位社会成员都是异质的，人格特质各不相同，合作、不合作，特立独行、谨小慎微等这些不同的人格特质从内部引导了人们在社会困境中的合作行为。

受限制和引导的决策行为大幅提升了环境不确定性下个体和群体合作行为的科学性和效率性。他省是他省者对自身不满情绪的发泄，是对被他省者的一种惩罚，这种由负面情绪推动的机制是参与者发泄对于公共物品投资项目中"搭便车"这种不公平行为的不满情绪的需要（Fehr & Gächter，2000；Xiao & Houser，2005）。但是，当对他人施加惩罚存在成本时，发起惩罚的个体并不是不考虑代价、纯粹进行负面情感的宣泄，随着惩罚成本的增加，其施加惩罚的力度会逐渐降低（Carpenter，2002）。惩罚有时还会引起伙伴对惩罚行为进行敌意报复，引发反惩罚行为。因此，惩罚机制的监督作用有促进合作的效应，同时其对抗性的报复效应又会抑制合作。同样的，带有惩罚色彩的他省机制确实有促进合作的效应，但其对抗性的报复效应又会抑制合作，对合作产生的最终效应存在不确定性。同时，惩罚机制在动态公共物品博弈中的合作方面的促进效果只是量上的微增，而难以维系质上的结果。

综合上述分析，提出本章的假设 5 - 3。

假设 5 - 3：在社会困境中，自省和他省对参与人的合作行为具有助推作用，且自省的制度效应优于他省的制度效应。

5.1.2　实验设计

本节采用比较制度实验的方法，嵌入内省和他省制度展开研究，具体如下所示。

1. 实验参与人

在本实验中，实验参与人均是通过校园 BBS 公开招募而来。81 名南开大学的在读学生（包括 MBA、本科生及硕士研究生）自愿参与该实验。所有实验参与人都是健康的，并且之前都没有参加类似的实验。实验参与人平均年龄 22.2 岁，其中，47 名女生、34 名男生，22 名党员、59 名非党员，42 名本科生、39 名研究生，39 名有经济学知识储备、42 名无经济学知识储备，41 名独生子女、40 名非独生子女。69 名家庭人均月收入 6000 元及以下，占 85.2%，52 名来自城市，占 64.2%，这一数据说明，实验参与人大多来自中低收入的工薪阶层。实验参与人员具体的描述性统计信息如表 5.1 所示。

表 5.1　　　　　　　　实验参与人描述性统计信息

类别	项目	人数
性别	女生	47
	男生	34
政治身份	党员	22
	非党员	59
学历	本科生	42
	研究生	39
经济学知识储备	有	39
	无	42
是否独生子女	独生子女	41
	非独生子女	40
家庭人均月收入	2000 元及以下	22
	2001～4000 元	26
	4001～6000 元	21
	6001～8000 元	6
	8000 元以上	6
生活环境	城市	52
	农村	29

所有实验参与人被随机分为三种设置，分别为：设置Ⅰ基准组、设置Ⅱ自省组、设置Ⅲ他省组。其中，设置Ⅰ基准组中包括参与人 27 名，其中男性 18 名；设置Ⅱ自省组中包括参与人 28 名，其中男性 12 名；设置Ⅲ他省组中包括参与人 28 名，其中男性 12 名。

在实验正式开始之前，所有实验参与人签署书面形式的知情同意书。本次实验依据《赫尔辛基宣言》进行，同时经伦理委员会批准。

2. 实验过程

本实验为有偿实验,实验报酬取决于实验参与人的投资决策。实验结束后随机抽取一期按照 1G\$ = 1.5 元的比例支付现金,每名参与人平均收益为 28 元左右。整个实验大概持续 60 分钟,实验开始之前所有实验参与人都会被告知实验全过程是匿名的,并且整个过程中不能通过任何方式与其他实验参与人进行任何形式的沟通和交流,结束后各自私下依次领取现金。

整个实验分为两个阶段,包括实验准备阶段、上机实验阶段。

首先,实验参与人在实验正式开始之前,提前 5 分钟到达实验地点,签到,领取知情同意书。按时到达可以获得 5 元出场费(实验结束后以现金形式一起支付)。所有实验参与人都到达后,实验主持人讲解知情同意书,实验参与人自愿签署知情同意书。其次,实验助手收取知情同意书并发放实验说明。最后,实验参与人自行阅读实验说明 5 分钟。5 分钟后,实验主持人讲解实验说明,并对实验参与人的疑问进行一对一单独解答(这样做是为了防止其他实验参与人受到干扰)。所有实验参与人不再有疑问时,实验助手发放实验测试题,通过相对应的测试检验实验参与人是否充分了解本实验的所有细节(如实验中涉及的收益函数、实验任务或者收益的计算方法等),以确保实验参与人可以正确地参与实验。以上整个过程大概持续 20 分钟。

当所有实验参与人都正确回答了所有题目,并且不再有任何疑问时,实验助手带领实验参与人进入实验区,实验进入第二阶段,上机实验阶段。

进入实验区的实验参与人,每人被随机分配一个计算机机位。实验过程中,每位实验参与人均通过独立并且相互隔离的计算机终端连接到实验室服务器上。每个计算机机位都是一个独立的小隔间,以确保相邻机位的实验参与人没有任何形式的交流并且互不干扰。所有实验参与人都就座、实验主持人宣布实验正式开始之后,实验参与人开始上机决策,完成实验任务。整个过程大概持续 40 分钟。

计算机决策任务结束后,实验助手请所有实验参与人回到实验说明讲解室。之后,按照报名顺序发放实验总收益。实验参与人依次领取收益并签名确认后离开实验室,实验结束。整个过程大概需要 10 分钟。

3. 实验任务

在本实验中，实验参与人通过电脑终端进行匿名的社交互动。实验开始之前，实验参与人依次抽签决定自己在本实验中的身份类型（该身份类型在整个实验过程中保持不变）。参与人真实的收益相关于彼此之间的决策结果。本实验使用的支付单位为 G\$，实验结束后，依据参与人获得的点数，兑换成现金进行支付。

实验包括若干决策小组，每个决策小组由三种相互独立的决策者（A、B 和 C）组成，每一个决策者独立决定将 10G\$ 的初始资金（实验开始时由计算机给定）中的多少（0~10 之间的任意整数）投入其所在小组的公共项目、多少留给自己。所有实验参与人的收益都遵循以下收益函数：

$$\pi_i = X_i - x_i + 0.5 \sum_{i=1}^{3} x_i$$

其中，X_i 是其各自的初始禀赋，x_i 是每位参与人各自的贡献量，$\sum_{i=1}^{3} x_i$ 是某参与人所在小组的总贡献量。

实验参与人首先要根据上述收益函数，三人一组，完成一次公共物品博弈，其次计算机会以小组为单位公布公共物品投资的结果（包括小组内参与人各自的贡献量、收益以及小组贡献量均值）。点击确认后，基准组再次进行公共物品投资博弈，随后显示博弈结果，依次循环，直到实验结束；非基准组需要对博弈结果进行评价（自省评价或者他省评价），评价完毕后显示评价结果，确认后再次进行公共物品投资博弈，随后显示博弈结果，依次循环，直到实验结束。具体来说，本实验中共分为三种设置，详细内容如下：

设置 I 基准组：投资者 A、B 和 C 都要选择 0~10 之间任意整数的初始资金投入小组公共项目中，当小组内的所有成员都作出决策后，公布本期公共项目总的投入点数以及 A、B 和 C 各自投入的点数和收益，实验参与人点击确定后，实验进入下一期。

设置 II 自省组：在设置 I 的基础上显示贡献量和收益之后，实验参与人点击确定后，展示自省语句库，让 A、B 和 C 从语句库中选择出符合本期自身投资情况的描述，全部选择完成后，公布选择结果，实验参与人再次点击确定后，实验进入下一期。

设置Ⅲ他省组：设置Ⅲ与设置Ⅱ的内容基本一致，唯一区别是将自省语句库换为他省语句库。

本实验总共进行 10 期，为了避免截止期效应，整个实验过程中并不会告诉实验参与人具体的实验期数。

5.1.3　实验结果

1. 变量定义与统计分析方法

本部分的数据分析中，包括投资类变量、收益类变量、程度类变量、引导类变量四大类。此外，还有两个控制变量，即性别（Gender）和是否是党员（CCP）。具体如表 5.2 所示。

表 5.2　变量定义

变量代码	变量名称及描述	变量代码	变量名称及描述
Sum	小组本期总贡献量	Con	参与人本期贡献量
SumG	小组本期他省与自省程度	ConA	参与人 A 本期贡献量
ESum	小组本期总贡献量平均值	ConB	参与人 B 本期贡献量
ESumG	小组本期他省与自省程度均值	ConC	参与人 C 本期贡献量
SumSA	自省组 A 本期自省程度	Con_{t+1}	参与人滞后一期贡献量
SumSB	自省组 B 本期自省程度	$ConA_{t+1}$	参与人 A 滞后一期贡献量
SumSC	自省组 C 本期自省程度	$ConB_{t+1}$	参与人 B 滞后一期贡献量
SumOA	他省组参与人 A 本期他省程度	$ConC_{t+1}$	参与人 C 滞后一期贡献量
SumOB	他省组参与人 B 本期他省程度	ECon	参与人本期贡献量均值
SumOC	他省组参与人 C 本期他省程度	$ECon_{t+1}$	参与人滞后一期贡献量均值
SumBA	他省组参与人 B 对 A 的他省程度	EmoG	感性引导程度
SumCA	他省组参与人 C 对 A 的他省程度	RatG	理性引导程度
SumAB	他省组参与人 A 对 B 的他省程度	EmoA	参与人 A 的感性引导程度
SumCB	他省组参与人 C 对 B 的他省程度	EmoB	参与人 B 的感性引导程度
SumAC	他省组参与人 A 对 C 的他省程度	EmoC	参与人 C 的感性引导程度
SumBC	他省组参与人 B 对 C 的他省程度	RatA	参与人 A 的理性引导程度
Pro	参与人本期收益	RatB	参与人 B 的理性引导程度
ProA	参与人 A 本期收益	RatC	参与人 C 的理性引导程度

变量代码	变量名称及描述	变量代码	变量名称及描述
ProB	参与人 B 本期收益	Gender	性别
ProC	参与人 C 本期收益	CCP	是否是党员

投资量类变量共 12 个，包含个体本期贡献量（Con、ConA、ConB、ConC）、个体滞后一期贡献量（Con_{t+1}、$ConA_{t+1}$、$ConB_{t+1}$、$ConC_{t+1}$）、个体本期贡献量均值（ECon）和个体滞后一期贡献量均值（$ECon_{t+1}$）、小组本期总贡献量（Sum）及其均值（ESum）。

程度类变量共 14 个，包含小组本期他省与自省程度（SumG）及其均值（ESumG）、自省组中个体自省程度（SumSA、SumSB、SumSC）、他省组中个体发出的他省程度（SumOA、SumOB、SumOC）和个体受到的他省程度（SumBA、SumCA、SumAB、SumCB、SumAC、SumBC）。上述变量中有关程度的测量都使用相对应的语句库中被选择的语句数量。

引导类变量共 8 个，包括 EmoG、RatG、EmoA、EmoB、EmoC、RatA、RatB 和 RatC。与程度类变量类似，本部分测量也是使用对应的语句库中该类题项的被选择数量。

收益类变量共 4 个，包含个体本期收益 Pro、ProA、ProB 和 ProC。

关于自省和他省制度效应的检验主要分为两部分。第一部分为总体效应的检验，主要使用均值比较的方法。第二部分为 OLS 回归分析，首先检验个体本期的贡献量与自省或者他省程度的关系，其次检验个体自省或他省的程度对下一期贡献量的影响。

2. 总体效应

表 5.3 中左半部分分别记录了本实验三个设置中小组本期总贡献量 Sum 和参与人本期贡献量 Con 的均值和方差，右半部分记录了各个设置的第一期中分类别个体贡献量的均值。其中，自省组和他省组全 10 期的小组本期总贡献量 Sum 分别为 24.39（8.49）和 22.70（8.58）、参与人本期贡献量 Con 的均值分别为 8.13（3.14）和 7.57（3.50），自省组的 Sum 和 Con 均高于他省组，并且两者都高于基准组的平均值（14.33、4.78），由此可知，假设 5 - 1、假设 5 - 2 和假设 5 - 3 都得到

了一定程度的验证。

此外，比较表 5.3 右半部分参与人本期贡献量 Con 第一期的均值发现（本研究中公共物品的贡献量从第二期开始将会受到前一期收益的影响，因此第一期中个体贡献量才能更好刻画个体自愿的公共物品贡献量），男性公共物品贡献量高于女性公共物品贡献量［与陈叶烽和何浩然（2012）的研究结果一致］，党员公共物品贡献量高于非党员公共物品贡献量。为了规避性别、社会角色等非制度因素的作用，后文在涉及个体贡献量的回归中均将性别和是否是党员作为控制变量，以更好地研究他省与自省的制度效应。

表 5.3　　　　　　　　　Sum 和 Con 的均值比较

| 设置 | Sum | Con | Con（第一期） | | | |
	10 期均值	10 期均值	男性	女性	党员	非党员
设置 I	14.33 (7.18)	4.78 (3.05)	5.00 (2.06)	3.82 (2.48)	7.0 (1.41)	4.11 (2.23)
设置 II	24.39 (8.49)	8.13 (3.14)	8.27 (2.94)	7.99 (3.33)	9.36 (1.99)	7.76 (3.33)
设置 III	22.70 (8.58)	7.57 (3.50)	7.68 (3.97)	7.34 (3.24)	7.70 (3.72)	7.46 (3.32)

注：括号外数字为均值，括号内数字为相应的标准差。

为了更加直观地展示出自省和他省两种合作助推机制的制度效应，本研究依据实验数据得到图 5.2。

图 5.2 的结果显示，基准组 10 期中所有的小组贡献量全部低于 20 点，而自省组从第 2 期开始均高于 20 点，他省组除第 10 期外都高于 20 点，加入自省和他省制度后的小组各期平均贡献量明显高于基准组中各期小组平均贡献量，自省和他省制度的助推作用得到证明，假设 5 - 1 和假设 5 - 2 进一步获得支持。

接下来，通过进一步比较自省组和他省组的小组贡献量发现，在自省组中有 5 期高于 25 点，而他省组中只有 2 期高于 25 点，说明自省设置相对于他省设置而言更有效，假设 5 - 3 再次得到支持。

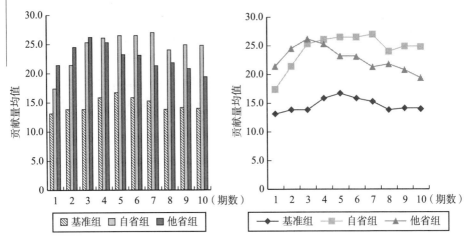

图 5.2　三种设置中小组各期贡献量均值

此外，图 5.2 中的结果显示，在第 3 期和第 4 期时，他省组和自省组达到效率最高点，此后，自省组的高效率一直持续到第 7 期，从第 8 期开始略有下降，而他省组从第 4 期开始明显下降，并且始终低于自省组。这一结果说明，自省制度效应比他省制度效应更长、更稳定。这也在一定程度上说明，源于自我内心的行为改变比屈从于外界压力的行为改变更稳定。同时，从自省组和他省组前三期曲线的斜率来看，自省组曲线斜率显著大于他省组曲线斜率，这表明，在提升小组投资量上，自省比他省更有效率，假设 5 - 3 得到支持。

上述结果说明，本章的初始思路，即"首先厘清社会治理中多主体交互合作行为的微观基础，其次依据此微观基础，设计社会治理多主体交互合作的治理机制，最终建立多元参与主体之间良性有序的合作关系"是可行的。

自省和他省机制不仅可以提升个体的合作水平，也可以提升群体的合作水平，本研究将这个效应定义为助推机制的总体制度效应。总体制度效应是指自省和他省机制对群体合作水平以及群体中的个体合作水平的整体影响。

然而，单纯依据上述数据结果还不足以完全证明自省和他省机制的助推作用，需要进一步对助推机制的制度效应进行回归分析。

3. 回归分析

本章将小组他省或自省程度均值 ESumG 和本期平均投资量 Econ 进行回归分析后发现：他省组中 ECon 对 ESumG 正相关（0.151），但是不显著；自省组中 ECon 对 ESumG 显著负相关（－0.291）。

自省组和他省组中个体本期贡献量和本期自省或他省程度的回归结果如表 5.4 和表 5.5 所示。表 5.4 自省组中成员各自的自省程度 SumSA、SumSB 和 SumSC 均与自身贡献量 ConA、ConB、ConC 显著负相关、与小组其他成员贡献量正相关，与自身收益 ProA、ProB、ProC 正相关、与小组其他成员收益负相关。表 5.5 他省组中，上述关系大致相反。

表 5.4　　　　　　自省设置中本期自省程度的回归结果

自变量	A			B			C		
	因变量	系数	R^2	因变量	系数	R^2	因变量	系数	R^2
ConA	SumSA	－0.508 *** (0.070)	0.417	SumSB	0.011 (0.044)	0.584	SumSC	0.091 (0.055)	0.329
ConB		0.199 ** (0.090)			－0.446 *** (0.057)			0.039 (0.070)	
ConC		0.031 (0.089)			0.186 ** (0.059)			－0.182 ** (0.070)	
ProA	SumSA	0.230 *** (0.083)	0.417	SumSB	－0.260 *** (0.060)	0.584	SumSC	－0.222 *** (0.066)	0.329
ProB		－0.477 *** (0.098)			0.197 *** (0.063)			－0.273 *** (0.077)	
ProC		－0.309 *** (0.089)			－0.435 *** (0.056)			0.130 * (0.069)	

注：*、**、*** 分别表示在 0.1、0.05、0.01 水平上显著；括号内数字为相应的标准差。

表 5.5 他省设置中本期他省程度的回归结果

自变量	A			B			C		
	因变量	系数	R^2	因变量	系数	R^2	因变量	系数	R^2
ConA		0.085 * (0.050)			− 0.128 *** (0.073)			− 0.096 ** (0.039)	
ConB	SumOA	− 0.112 * (0.065)	0.112	SumOB	0.054 (0.089)	0.136	SumOC	− 0.048 (0.049)	0.260
ConC		− 0.082 (0.059)			− 0.046 (0.082)			0.167 *** (0.043)	
ProA		− 0.030 (0.061)			0.009 (0.079)			0.119 *** (0.042)	
ProB	SumOA	0.167 ** (0.069)	0.112	SumOB	− 0.174 * (0.095)	0.136	SumOC	0.070 (0.053)	0.260
ProC		0.027 (0.073)			0.074 (0.101)			− 0.144 ** (0.057)	

注：*、**、*** 分别表示在 0.1、0.05、0.01 水平上显著；括号内数字为相应的标准差。

本章认为，上述现象可能是因为实验参与人的记忆能力有限，导致上述的相关关系并不都显著。参与人在对自己和小组成员的决策行为作出评价时会在一定程度上依赖实验中公布的 Sum、Pro 和 Con，通过对比自己和其他成员的行为作出评价，自省制度和他省制度效应明显，假设 5 - 1 和假设 5 - 2 再次得到支持。

参与人本期受到的他省程度与贡献量和收益回归结果如表 5.6 所示。从表 5.6 中的数据结果来看，个体参与人受到小组中其他成员的他省程度与本期自身贡献量显著负相关，与其他成员本期贡献量没有确定相关关系。但是，个体参与人受到小组中其他成员的他省程度与本期自身收益显著正相关的同时，与群体其他成员本期收益显著负相关。

表 5.6　　　　　　　　参与人本期受到的他省程度回归结果

自变量	A			B			C		
	因变量	系数	R^2	因变量	系数	R^2	因变量	系数	R^2
ConA		−0.209 *** (0.025)			−0.031 (0.025)			0.061 *** (0.039)	
ConB	SumRA	0.048 (0.033)	0.506	SumRB	−0.095 *** (0.031)	0.194	SumRC	−0.011 (0.049)	0.392
ConC		0.071 * (0.030)			0.096 *** (0.028)			−0.113 *** (0.043)	
ProA		0.050 *** (0.017)			−0.029 * (0.015)			−0.109 *** (0.010)	
ProB	SumRA	−0.156 *** (0.021)	0.414	SumRB	0.070 *** (0.019)	0.116	SumRC	−0.051 *** (0.013)	0.376
ProC		−0.188 *** (0.022)			−0.106 *** (0.020)			0.059 *** (0.014)	

注：＊、＊＊＊分别表示在 0.1、0.01 水平上显著；括号内数字为相应的标准差。

　　这一结果说明，在社会困境中，当人们需要对同伴的合作行为作出评价时，人们会更多地依据其同伴先前的决策结果而不是决策过程，也就是说，合作行为的结果导向作用更加明显。因此，本研究认为当在社会困境中实施他省制度以提升群体合作水平时，明确结果导向可以强化他省制度对合作行为的助推作用。

　　接下来分析自省和他省对未来期合作水平的影响，将本期自省和他省作为自变量、滞后一期公共物品投资量作为因变量进行回归分析，结果如表 5.7 所示。

表 5.7 　　　　　　　　　自省设置与他省设置滞后一期回归结果

自省设置				他省设置			
自变量	因变量	相关系数	R^2	自变量	因变量	相关系数	R^2
SumSA		0.019 (0.164)		SumBA		−2.449 *** (0.597)	
SumSB	$ConA_{t+1}$	−0.732 *** (0.237)	0.243	SumCA	$ConA_{t+1}$	−1.587 *** (0.245)	0.339
SumSC		−0.484 ** (0.219)		SumOA		0.326 *** (0.112)	
SumSA		−0.076 (0.123)		SumAB		−0.656 * (0.348)	
SumSB	$ConB_{t+1}$	0.143 (0.186)	0.517	SumCB	$ConB_{t+1}$	−0.244 (0.574)	0.034
SumSC		−0.543 *** (0.543)		SumOB		0.089 (0.112)	
SumSA		−0.085 (0.126)		SumAC		−2.479 *** (0.464)	
SumSB	$ConC_{t+1}$	−0.782 *** (0.178)	0.423	SumBC	$ConC_{t+1}$	−1.325 *** (0.607)	0.110
SumSC		0.541 *** (0.165)		SumOC		0.100 (0.175)	

　　注：* 、** 、*** 分别表示在 0.1、0.05、0.01 水平上显著；括号内数字为相应的标准差。

　　表 5.7 中的数据结果显示，自省设置中滞后一期的贡献量与自身自省程度正相关，自省提高了公共项目贡献量，自省展现出其制度效应；他省设置中滞后一期的贡献量与自身受到他省程度负相关，与自己发出的他省程度正相关。

　　这一结果说明，其他成员对自己的他省并没有起到很好的激励作用，反而展现出惩罚的毁灭性效应，促进合作的作用不明显，而自己对他人要求较高的参与人也会高水平要求自己的决策，增加贡献量，这两种力量相互较量，形成最终的决策结果。

　　在公共物品博弈中，参与人都增加投资量，可以帕累托增加所有实验参与人的收益，但是任何一方的个人理性使其没有动机这样做，"搭便车"的心理使博弈陷入困境，此时，外部惩罚机制的监督和威胁作用就微乎其微，只有借助自省激发参与人内部驱动合作的因素，才有可能突破困境。这些都是异质性的个人在不同制度或者相同制度不同实施环境下的差异性表现，制度提升了群体中成员的合作水平，折射出参与人个体对制度演化的反作用。

因此，在依据个体合作行为的微观基础设计社会困境治理机制时，还要充分考虑到个体对治理机制演化的作用。不仅如此，还要将个体的行为特征纳入考虑，这样才能在最大程度上保证政策实施后的有效性，实现比一般社会政策更加良好的制度效应（Taler & Sunstain，2008；White & Ben，2015；杭承政，2017；张书维等，2019；罗昕，2019）。

为进一步分析他省组中促进合作的机制，将其中的引导类语句与贡献量进行回归，结果如表 5.8 和表 5.9 所示。

表 5.8　　　　　　　参与人受到的他省程度滞后一期回归结果

自变量	因变量	系数	R^2
SumBA	ConA$_{t+1}$	-2.159^{***} (0.597)	0.318
SumCA		-1.712^{***} (0.244)	
SumAB	ConB$_{t+1}$	-0.618^{*} (0.344)	0.032
SumCB		-0.333 (0.563)	
SumAC	ConC$_{t+1}$	-2.524^{***} (0.601)	0.108
SumBC		-1.384^{***} (0.452)	

注：*、*** 分别表示在 0.1、0.01 水平上显著；括号内数字为相应的标准差。

表 5.8 中，ConA$_{t+1}$、ConB$_{t+1}$ 和 ConC$_{t+1}$ 与各自受到的他省程度负相关，并且，除了 SumCB 对 ConB$_{t+1}$ 的影响不显著之外，其余 5 个自变量对因变量的影响均显著。这一结果说明，小组成员不会因为受到的他省

程度的增加而提高自己公共物品的贡献量，相反，可能是出于逆反心理，反而会降低自己的贡献量。

表 5.9 中，A、B 和 C 各自的感性引导和理性引导都与 Con_{t+1} 呈现正相关关系，并且群体理性引导的作用优于感性引导的作用。这一结果说明，群体成员之间的、具体明确的策略互动可以更好地促进成员间信任的建立，提升合作水平。因此，本研究认为，在他省制度设置中对群体合作起正向作用的是群体成员积极的引导而不是单纯的批判。

表 5.9　　　　　　　　　　他省设置中各类引导回归结果

自变量	因变量	系数	R^2	系数	R^2
EmoA		0.646 ** (0.310)			
EmoB	Con_{t+1}	0.279 (0.247)	0.038	0.308 ** (0.139)	0.059
EmoC		0.290 (0.313)			
RatA		0.510 (0.357)			
RatB	Con_{t+1}	0.080 (0.391)	0.248	0.330 *** (0.126)	
RatC		1.599 *** (0.480)			

注：** 、*** 分别表示在 0.05、0.01 水平上显著；括号内数字为相应的标准差。

本节的研究结果表明：一方面，与一般的具有外在强制力的制度相比，助推机制在实施的过程中可以在个人层面上取得事半功倍的效果；另一方面，助推机制通过实现对个体行为的调整，间接优化集体的行为，助推社会整体福利的提高。这意味着，接受个体内在偏好（信念）的影响并保留个体自由选择的权利的助推机制有利于推动个体和集体福利最大化。

因此，在社会困境治理中，好的治理机制必须以人为本，基于人的行为特点进行设计。这种机制设计的立足点不是强制性的行为规范（如罚款）或者高回报的物质激励（如政府补贴），而是"行为人"的内在特征和合适的选择架构。只有这样，才能按照治理机制设计时的治理目标调整社会困境中人们的合作行为，进而提升社会治理中人们的合作水平。特别是，在如今多元主体交互合作、协同治理的过程中，综合考虑多主体各自的微观行为特征并将其纳入治理机制设计考量，对于创新社会治理模式、推进社会治理改革至关重要。

5.2　助推机制的内在机理研究

5.1 节的实验结果已经证明了助推机制的制度效应，本节实验将在此基础上深入探索助推机制发挥制度效应的内在机理。本部分的基本逻辑结构如下：首先，阐述本节中实验的原理，结合该原理和现有文献，研究提出本节的研究假设；其次，在上述实验原理与研究假设的基础上，设计检验自省和他省两种助推机制与社会困境中合作信念互动的实验；最后，定义变量、处理分析采集到的实验数据，对前文提出的假设进行检验。

5.2.1　实验原理与研究假设

1. 实验原理

众所周知，在有限重复线性公共物品博弈中，随着"搭便车"行为的增加，参与人贡献量会随着时间的推移而衰减。许多研究致力于理解这种衰变背后的机制，以帮助设计治理机制、改善参与人在社会困境中的合作行为、提升社会合作水平。本章在 5.1 节中提出的他省与自省就属于此类制度。

根据 5.1 节的研究结论，他省与自省可以显著地提升公共物品困境中参与人的合作水平（捐赠量增加），并且可以减缓投资量随着时间下降的趋势。但是，作为一种外在的机制设计，他省与自省制度是通过什么内在机理影响了参与人的合作偏好呢？换句话说，他省与自省制度与实验参与人的哪种内在的偏好发生了互动，促使实验参与人调整了自己在社会困境中的合作行为呢？

本书第 3 章发现，在公共物品博弈中，参与人关于自我的合作信念、关于他人的合作信念、关于群体的合作信念分别与公共物品的贡献量正相关。这意味着，合作信念的改变会影响社会困境中的合作行为。同时，本研究第 4 章发现，社会合作信念的水平是可以调整的。如果不是基于内在神经机制或者脑区的改变，那么在上一节中提出的自省和他省是否是通过改变参与人在社会困境中的合作信念实现的助推作用呢？换言之，他省和自省制度之所以可以提升公共物品的贡献量，是否是因为该制度与参与人的合作信念之间产生了互动呢？

盖希特等（Gächter et al.，2004）、托尼等（Thöni et al.，2012）、克歇尔等（Kocher et al.，2015）、吴（Wu，2016）和乔杜里等（Chaudhuri et al.，2017）通过一系列的研究发现，自我报告的信念是参与人合作水平的重要决定因素。合作最终能否成为参与人的决策选择，取决于个体对其他主体的合作信念（Geanakoplos et al.，1989；Battigalli & Dufwenberg，2009）。合作信念就是对他人合作水平的推测，因此，在社会困境中，人们作出的基本推论就是揣测其他人的合作意图（Malle et al.，2012）。判断他人的意图和心理状态是日常生活中人类决策过程的一个重要组成部分，每一个决策者在做出选择（合作或者不合作）之前都会对现实进行评估（Dennett，1989；Tomasello et al.，2005）。对其他人意图的信念形成了互动发生的社会环境，继而调节自身的社会合作水平（Barnes et al.，1979；Hoffman et al.，2015；Rand et al.，2015；Chuah et al.，2016；Apfelbaum et al.，2016）。

由于上述分析中，参与人推测别人信念过程中用到的依据只能是参与人可以采集到的信息，因此，本研究认为，既然自省和他省的存在可以为参与人提供评估的有效信息，那么该制度可能会影响参与人合作信念的更新。

由于本实验是在助推机制制度效应实验的基础上进行的，因此，本实验的基本理论框架依然是公共物品博弈，实验中所涉及的个体效应函数跟前述实验相同，即 $u_i = m - x_i + \theta \sum_{i=1}^{n} x_i$（$1/n < \theta < 1$ 且 $\theta > 0$），其中，u_i、x_i 分别为个体 i 的总效应和公共物品贡献量，m 是初始禀赋，θ 是系数（个体从公共物品中的获益程度），$\sum_{i=1}^{n} x_i$ 是公共物品总供给量。本实验与前述实验的重要区别在于，本实验直接测量了实验参与人在社会困境中的三种合作信念（关于自我的合作信念、关于他人的合作信念和关于群体的合作信念）。

基于上述设计，依附于公共物品框架，进行实验室实验，重点考察他省与自省发挥助推作用的内在机理，如图 5.3 所示，如果实验中，自省机制或者他省机制的加入导致了合作信念的改变，那么就可以说明，两者是通过改变社会困境中的合作信念发挥的其对社会困境的助推作用。

图 5.3　助推机制内在机理实验原理

2. 研究假设

依据吉纳科普洛斯等（Geanakoplos et al., 1989）提出的观点，传统的博弈论无法将参与人的情绪（如愤怒和惊讶）等纳入参与人的决策函数当中，而这些基于意图或他人意见的情绪可能直接作用于关于决策（信念或信息）的信念。同时，他们认为，实验中每个参与人的收益不仅取决于参与人自己的决策行为，还取决于他估计的其他参与人的合作信念，以及他估计的其他参与人估计的他们的合作信念等。他们的研究发现，在均衡状态下，信念与现实相匹配，即参与人的信念与合作水平以及合作情绪是一个互动的过程。

沿着吉纳科普洛斯的逻辑，巴蒂加利和杜夫文贝格（Battigalli & Dufwenberg, 2009）通过测量动态心理效应（如心理前向诱导和后悔），提出一个适应性更高的一般性框架解释社会合作策略互动中参与人的行为。他们的研究结果证明，不同的合作机制（如顺序互惠等）会促使合作信念发生更新，而更新的高阶信念、他人的合作信念和行动计划可能会影响合作动机，进而影响社会合作水平。

通过上述研究分析可知，合作信念与合作情绪存在互动，即合作信念与合作情绪相互影响。因此，本研究认为，如果某种制度可以为参与人提供合作情绪的反馈，那么该制度就可能会影响合作信念的更新。

此外，胡安娜等（Juana et al.，2017）认为，在社会困境中，对他人合作意图的信念与个体对另一个个体的合作意愿的感知相对应。他们的研究发现，当参与人对合作伙伴产生一个较高的合作信念时，会创造一个利于合作的社会环境，在这个合作环境中，参与人更容易表现出较高的合作水平；相反地，在其他条件相同的情况下，如果参与人对合作伙伴产生一个较低的合作信念，则可能会导致参与人降低自身的合作水平。

查尼斯和杜夫文贝格（Charness & Dufwenberg，2006）研究得出了类似的结论，在他们的实验中，允许实验参与人通过交流的方式相互观察彼此的承诺和信念。他们的研究结果表明，参与人在博弈的过程中都努力不辜负他人的期望以避免内疚。这一结果与前述心理博弈论的研究结果是一致的。此外，他们的研究还发现，当参与人表现出愧疚厌恶后，合作信念会发生改变，进而影响合作水平。并且，在他们的实验设计中，合作信念的提升有效地促进了双边伙伴关系，即提升了整体的合作水平。

在本研究中，具有评判（他人和自己）作用的他省和自省机制，实质上是参与人对合作伙伴和自己的合作行为产生的合作情绪的载体，即他省与自省制度承载着参与人互相之间的合作行为和合作情绪。在本实验中，当公布他省或者自省的结果后，这种结果作为一种信号被参与人接收。接收到信号的参与人会根据评价的内容对自己的信念进行更新，进而改变自己的合作水平。在本实验中，他省与自省可以看成合作环境的量化。参与人进行他省或者自省的过程实际上是对上一轮合作行为的评价过程，在这个过程中，通过选择对应投资结果的评价语句，将投资环境具象化，有利于参与人准确地认识投资环境、感知其他成员的合作意愿以及表达自己的合作意愿。

此外，他省与自省制度的存在赋予了实验参与人观察其他成员合作意图的机会，同时也赋予了实验参与人向其他实验参与人表达自身合作意图的机会，这都是实验参与人合作意图显性化的过程。

5.1 章节的研究理论发现，在公共物品博弈的过程中，实验参与人的合作水平越低，那么其自省程度以及受到的他省程度就会越高；反之，如果实验参与人的合作水平越高，其自省程度及受到的他省程度就会越低。也就是说，自省程度和他省程度是实验参与人内在合作意向的外在表征。

综合以上分析，提出本节的假设 5 - 4 和假设 5 - 5。

假设 5 - 4：在社会困境中，他省制度通过影响参与人的合作信念发挥助推作用。

假设 5 - 4a：他省制度通过影响参与人关于自我的合作信念发挥助推作用；

假设 5 - 4b：他省制度通过影响参与人关于他人的合作信念发挥助推作用；

假设 5 - 4c：他省制度通过影响参与人关于群体的合作信念发挥助推作用。

假设 5 - 5：在社会困境中，自省制度通过影响参与人的合作信念发挥助推作用。

假设 5 - 5a：自省制度通过影响参与人关于自我的合作信念发挥助推作用；

假设 5 - 5b：自省制度通过影响参与人关于他人的合作信念发挥助推作用；

假设 5 - 5c：自省制度通过影响参与人关于群体的合作信念发挥助推作用。

当然，在公共物品投资决策之前，由于实验参与人互相之间没有任何切实可依据的信息，任何个体都不知道其他实验参与人的真实贡献量，所以实验参与人第一次的贡献量通常取决于自己的初始信念。当公布投资结果后，实验参与人可以观察到其他实验参与人的贡献量结果，这部分的结果反馈在理论上会对实验参与人的信念产生影响。在本研究的实验设计中，这部分影响将通过设置间的对比剔除。具体操作方法在结果部分有详细阐述。

5.2.2 实验设计

在上述研究的基础上，本节实验的核心目的是考察他省与自省助推合作行为的作用机理。

1. 实验参与人

在本实验中，实验参与人均是通过校园 BBS 公开招募而来。90 名南开大学的在读学生（包括本科生及硕士研究生）自愿参与该实验。所有实验参与人都是健康的，并且之前都没有参加过类似的实验。实验参与人平均年龄 22.59 岁，其中，20 名男生、70 名女生，49 名党员、41 名非党员，27 名本科生、63 名研究生，62 名有经济学知识储备、28 名无经济学知识储备，36 名独生子女、54 名非独生子女。66 名家庭人均月收入 6000 元及以下，占 73.33%，42 名来自城市，占 46.67%，这一数据说明，实验参与人大多来自中低收入的工薪阶层。实验参与人员具体的描述性统计信息如表 5.10 所示。

表 5.10　　　　　　　　　实验参与人信息

类别	项目	人数
性别	女生	70
	男生	20
政治身份	党员	49
	非党员	41
学历	本科生	27
	研究生	63
经济学知识储备	有	62
	无	28
是否独生子女	独生子女	36
	非独生子女	54

类别	项目	人数
家庭人均月收入	2000 元及以下	16
	2001～4000 元	24
	4001～6000 元	26
	6001～8000 元	10
	8000 元以上	14
生活环境	城市	42
	农村	48

　　所有实验参与人被随机分为三种设置（treatment），分别为：设置Ⅰ自省 early 组、设置Ⅱ自省 late 组、设置Ⅲ他省 late 组。其中，设置Ⅰ基准设置中包括参与人 30 名，其中女性 23 名；设置Ⅱ自省设置中包括参与人 30 名，其中女性 23 名；设置Ⅲ他省设置中包括参与人 30 名，其中女性 24 名。在实验正式开始之前，所有实验参与人签署书面形式的知情同意书。本次实验依据《赫尔辛基宣言》进行，同时经伦理委员会批准。

2. 实验过程

　　本实验为有偿实验，实验报酬取决于实验参与人的投资决策。实验结束后随机抽取一期按照 1G\$ = 1.5 元的比例支付现金，每名实验参与人平均收益为 28 元左右。整个实验大概持续 40 分钟，实验开始之前，所有实验参与人都会被告知实验全过程是匿名的，并且整个过程中不能通过任何方式与其他实验参与人进行任何形式的沟通和交流，实验结束后各自私下领取现金。

　　整个实验分为两个阶段，包括实验准备阶段、上机实验阶段。

　　首先，实验参与人在实验正式开始之前，提前 5 分钟到达实验地点，进行签到，领取知情同意书。按时到达可以获得 5 元出场费（实验结束后一起支付）。所有实验参与人都到达后，实验主持人讲解知情同意书，实验参与人自愿签署知情同意书。其次，实验助手收取知情同意书并发放实验说明。接下来，参与人自行阅读实验说明 5 分钟。5 分钟之后，实验主持人讲解实验说明，并对实验参与人的疑问进行私下解答

（这样做是为了防止其他参与人受到干扰）。所有实验参与人不再有疑问时，实验助手发放实验测试题，通过相对应的测试检验参与人是否充分了解实验的所有细节（如实验中涉及的收益函数、实验任务或者收益的计算方法等），以确保实验参与人可以正确参与实验。以上整个过程大概持续 20 分钟。

当所有实验参与人都正确回答所有题目，并且不再有任何疑问后，实验助手带领实验参与人进入实验区，实验进入第二阶段，上机实验阶段。

进入实验区的实验参与人，每人被随机分配一个计算机机位。实验过程中每个参与人均通过独立并且相互隔离的计算机终端连接到实验室服务器上。每个计算机机位都是一个独立的小隔间，以确保相邻机位的实验参与人没有任何形式的交流并且互不干扰。所有实验参与人都就座之后，实验主持人宣布实验正式开始之后，实验参与人开始上机决策，完成实验任务。整个过程大概持续 20 分钟。

计算机决策任务结束后，实验助手请所有实验参与人回到实验说明讲解室。之后，按照报名顺序发放实验最后的总收益。实验参与人依次领取收益，并签名确认后离开实验室，实验结束。整个过程大概需要 10 分钟。

3. 实验任务

在本实验中，实验参与人通过电脑终端进行匿名的社交互动。正式实验开始之前，实验参与人依次抽签决定自己在本实验中的身份类型（整个实验过程中该身份类型保持不变）。每个实验参与人最后真实的收益相关于彼此之间的决策结果。在本实验中使用的支付单位为 G\$，实验结束后，会依据参与人获得的点数，兑换成现金进行支付。

实验包括若干决策小组，每个决策小组由三种相互独立的决策者（A、B 和 C）组成，每一个决策者独立决定将 10G\$ 的初始资金（实验开始时由计算机给定）中的多少（0 ~ 10 之间的任意整数）投入其所在小组的公共项目、多少留给自己。所有实验参与人的收益都遵循以下收益函数：$\pi_i = X_i - x_i + 0.5 \sum_{i=1}^{3} x_i$，其中 X_i 是其各自的初始禀赋，x_i 是每位参与人各自的贡献量，$\sum_{i=1}^{3} x_i$ 是某参与人所在小组的总贡献量。实验任务的前三步在所有设置中都是相同的，具体内容如下：

第一步，实验开始时，计算机分配给每个实验参与人各 10G\$ 初始资金。实验参与人需要在计算机上做一个投资决策，即决定 10G\$ 中多少投入其所在小组的公共项目以及多少留给自己，可以选择 0 ~ 10 的任意整数。

第二步，所有实验参与人投资决策完成之后，计算机会显示每个小组所有成员各自的投入量、收益以及小组总投入量。看到结果后，分组不变，假如再次分配给每位参与人 10G\$ 进行投资，每位实验参与人均需要依次回答下列三个问题：

（1）你自己打算从这 10G\$ 的初始资金中拿出多少投入公共项目？

（2）你分别估计除你之外其他两人会从各自的 10G\$ 的初始资金中拿出多少投入公共项目？（例如，你是 A，则你需要分别估计 B 和 C 的投入数；你是 B，则你需要分别估计 A 和 C 的投入数；你是 C，则你需要分别估计 A 和 B 的投入数）

（3）如果再进行真实的投资决策，你估计你们小组三人贡献量的均值是多少？

第三步，实验参与人有 30 秒的时间基于之前的投资结果对公布的投资行为进行评价。其中，在设置 I 自省 early 组和设置 II 自省 late 组中，实验参与人是对自己的合作行为进行评价；在设置 III 他省 late 组中实验参与人是对除自己之外的另外两位实验参与人的合作行为进行评价。

由于在第三步中评价内容和后续评价结果公布的时间节点不同，从第四步开始三种不同的设置中实验参与人的任务略有差别。具体的不同之处如下：

设置 I 自省 early 组中实验参与人的具体实验任务为：

第四步，所有人评价完毕后，分组不变，假如再次分配给每位实验参与人 10G\$ 进行投资，所有实验参与人均需要依次回答以下问题：

（1）你自己打算从这 10G\$ 的初始资金中拿出多少投入公共项目？

（2）你分别估计除你之外其他两人会从各自的 10G\$ 的初始资金中拿出多少投入公共项目？（例如，你是 A，则你需要分别估计 B 和 C 的投入数；你是 B，则你需要分别估计 A 和 C 的投入数；你是 C，则你需要分别估计 A 和 B 的投入数）

（3）如果再进行真实的投资决策，你估计你们小组三人贡献量的均值是多少？

第五步，公布"第三步"的结果后，计算机再次分配给每个实验参与人各10G\$的初始资金。参与人用这10G\$进行真实的投资，决定多少投入其所在小组的公共项目以及多少留给自己（0～10的任意整数）。所有实验参与人投资决策完成之后，计算机会显示每个小组所有成员各自的投入量、收益以及小组总投入量。点击确认后，计算机再次分配给每个实验参与人各10G\$的初始资金再次进行公共物品博弈，随后显示博弈结果，依次循环，直到实验结束。

设置Ⅱ自省late组中实验参与人的具体实验任务为：

第四步，所有人评价完毕后，公布"第三步"的结果。保持分组不变，假如再次分配给每个实验参与人10G\$进行投资，参与人需要依次回答以下问题：

（1）你自己打算从这10G\$的初始资金中拿出多少投入公共项目？

（2）你分别估计除你之外其他两人会从各自的10G\$的初始资金中拿出多少投入公共项目？（例如，你是A，则你需要分别估计B和C的投入数；你是B，则你需要分别估计A和C的投入数；你是C，则你需要分别估计A和B的投入数）

（3）如果再进行真实的投资决策，你估计你们小组三人贡献量的均值是多少？

第五步，计算机再次分配给每人各10G\$的初始资金。参与人用这10G\$进行真实的投资，决定多少投入到其所在小组的公共项目以及多少留给自己（0～10的任意整数）。所有人投资决策完成之后，计算机会显示每个小组所有成员各自的投入量、收益以及小组总投入量。点击确认后，计算机再次分配给每个实验参与人各10G\$的初始资金再次进行公共物品博弈，随后显示博弈结果，依次循环，直到实验结束。

设置Ⅲ他省late组中实验参与人的具体实验任务为：

第四步，所有人评价完毕后，公布"第三步"的结果。保持分组不变，假如再次分配给参与人10G\$进行投资，实验参与人依次回答以下问题：

（1）你自己打算从这10G\$的初始资金中拿出多少投入公共项目？

（2）你分别估计除你之外其他两人会从各自的10G\$的初始资金中

拿出多少投入公共项目？（例如，你是 A，则你需要分别估计 B 和 C 的投入数；你是 B，则你需要分别估计 A 和 C 的投入数；你是 C，则你需要分别估计 A 和 B 的投入数）

（3）如果再进行真实的投资决策，你估计你们小组三人贡献量的均值是多少？

第五步，计算机再次分配给每人各 10G\$ 的初始资金。参与人用这 10G\$ 进行真实的投资，决定多少投入到其所在小组的公共项目以及多少留给自己（0～10 的任意整数）。所有人投资决策完成之后，计算机会显示每个小组所有成员各自的投入量、收益和小组总投入量。点击确认后，计算机再次分配给每人各 10G\$ 的初始资金再次进行公共物品博弈，随后显示博弈结果，依次循环，直到实验结束。

本实验进行一轮。为了避免截止期效应，在实验的第五步，不告知实验参与人总共循环多少次。

此外，所有实验参与人还会被告知，实验中的总收益分为两部分。第一部分为投资收益，即从"第一步"和"第五步"多次的真实投资中随机抽取 1 轮，将该轮中所获点数按照 1G\$ ＝1.5 元的比例兑换为现金；第二部分为奖励收益，即从"第二步"和"第四步"中的问题（2）和（3）的答案中随机抽取一个，如果参与人在该答案中汇报的估计值符合奖励规则，参与人将获得额外奖励。具体奖励规则为：如果其估计值与实际均值差值的绝对值小于 1，获得 3 元奖励；如果其估计值与实际均值差值的绝对值大于等于 1 且小于 2，获得 2 元奖励；如果其估计值与实际均值差值的绝对值大于等于 2 且小于 3，获得 1 元奖励。额外奖励将会以现金的形式在发放最终收益的时候一起支付给他们。

5.2.3　实验结果

围绕他省与自省助推机制促进合作的内在机理，本部分首先界定变量，其次进行均值比较，从总体上对核心假设进行检验。最后，着重对比在同一个设置中第一次汇报的三种合作信念和第二次汇报的三种合作信念之间的差异以及同一种合作信念在不同设置中的差异。

1. 变量定义与统计分析方法

数据分析中的主要变量如表 5.11 所示，其中包括三大类变量，即投资类、信念类和评价类。

表 5.11   变量定义

变量代码	变量名称及描述
Con1	个体贡献量第一期，即评价行为前的个体贡献量
Con2	个体贡献量第二期，即评价行为后的个体贡献量
ECon1	个体贡献量均值第一期，即评价行为前的个体贡献量均值
ECon2	个体贡献量均值第二期，即评价行为后的个体贡献量均值
GCon1	小组贡献量第一期，即评价行为前的小组贡献量
GCon2	小组贡献量第二期，即评价行为后的小组贡献量
EGCon1	小组贡献量均值第一期，即评价行为前的小组贡献量均值
EGCon2	小组贡献量均值第二期，即评价行为后的小组贡献量均值
Belief. self1	个体关于自我的合作信念第一期，即评价行为前的个体关于自我的合作信念
Belief. other1	个体关于他人的合作信念第一期，即评价行为前的个体关于他人的合作信念
Belief. pg1	个体关于群体的合作信念第一期，即评价行为前的个体关于群体的合作信念
Belief. self2	个体关于自我的合作信念第二期，即评价行为后的个体关于自我的合作信念
Belief. other2	个体关于他人的合作信念第二期，即评价行为后的个体关于他人的合作信念
Belief. pg2	个体关于群体的合作信念第二期，即评价行为后的个体关于群体的合作信念
Behavior	评价行为的结果公布会影响你在实验中的决策吗？
Behavior1	你会依据组内成员的行为评价结果调整自己的投入量吗？
Behavior2	你会依据行为评价的结果调整自己对你们小组其他两人的贡献量估计吗？
Behavior3	你会依据行为评价的结果调整自己对你们小组贡献量均值估计吗？

后续数据中，投资类变量包含个体第一期贡献量 Con1、个体第二期贡献量 Con2、个体第一期贡献量均值 ECon1、个体第二期贡献量均值 ECon2、小组第一期总贡献量 GCon1 及其均值 EGCon1 和小组第二期总贡献量 GCon2 及其均值 EGCon2。

信念类变量包含个体关于自我的合作信念第一期 Belief. self1、个体关于他人的合作信念第一期 Belief. other1、个体关于群体的合作信念第一期 Belief. pg1、个体关于自我的合作信念第二期 Belief. self2、个体关于他人的合作信念第二期 Belief. other2 和个体关于群体的合作信念第二期 Belief. pg2。

实验后问卷中主要分析实验参与人自我汇报的评价结果对实验中决策的影响程度，涉及四个变量：评价行为的结果公布对实验中决策的总体影响 Behavior、行为评价结果对关于自我的合作信念的影响 Behavior1、行为评价的结果对关于他人的合作信念的影响 Behavior2 和行为评价的结果对关于群体的合作信念的影响 Behavior3。

关于自省和他省制度效应的检验主要分为两部分，一是总体效应的检验，二是设置效应检验，分析中主要使用均值比较和 T 检验两种方法。

2. 总体效应

表 5.12 展示了设置 I 自省 early 组、设置 II 自省 late 组和设置 III 他省 late 组中个体贡献量的均值。从数据的结果来看，三种设置中的个体贡献量第二次都比第一次的贡献量要高，即设置 I 自省 early 组中 6.47 > 5.20、设置 II 自省 late 组中 7.87 > 6.03、设置 III 他省 late 组中 7.87 > 5.67。

表 5.12 个体贡献量均值比较

变量	设置 I	设置 II	设置 III
ECon1	5.20 (0.327)	6.03 (0.517)	5.67 (0.466)
ECon2	6.47 (0.371)	7.87 (0.454)	7.87 (0.484)

注：括号外数字为均值；括号内数字为相应的标准差。

类似的，表 5.13 展示了设置 I 自省 early 组、设置 II 自省 late 组和设置 III 他省 late 组中小组贡献量的均值。从数据的结果来看，小组贡献量第二次都比第一次的贡献量要高，即设置 I 自省 early 组中 19.30 > 15.60、设置 II 自省 late 组中 22.60 > 18.10、设置 III 他省 late 组中 23.60 > 17.00。

上述结果与 5.1 章节的结果一致，即他省制度和自省制度能够提升公共物品的贡献量，也就是说，作为社会困境中合作行为的助推机制，他省制度和自省制度可以提升社会困境中的合作水平。

表 5.13   小组贡献量均值比较

变量	设置 I	设置 II	设置 III
EGCon1	15.60 (0.486)	18.10 (0.881)	17.00 (0.932)
EGCon2	19.30 (0.775)	22.60 (1.257)	23.60 (1.118)

注：括号外数字为均值；括号内数字为相应的标准差。

接下来，为了进一步比较不同设置之间的个体贡献量的差异。对比设置 I 自省 early 组和设置 II 自省 late 组以及设置 III 他省 late 组中贡献量的差异，结果如表 5.14 所示。

表 5.14   贡献量均值 T 检验

变量	设置 I vs 设置 II	设置 II vs 设置 III
ECon1	$T = 1.94$ $P = 0.0545$	$T = 1.17$ $P = 0.2443$
ECon2	$T = 4.68$ $P < 0.001$	$T = 4.52$ $P < 0.001$

从表 5.14 中的分析结果来看，在设置 I 自省 early 组和设置 II 自省 late 组中，第一次贡献量（$P = 0.0545$）和第二次贡献量（$P < 0.001$）都存在显著差异；在设置 II 自省 late 组和设置 III 他省 late 组中，第一次贡献量不存在差异（$P = 0.2443$），但是第二次贡献量存在显著差异（$P < 0.001$）。

出现上述结果的原因，本研究推测有以下几个方面：首先，在设置 I 自省 early 组和设置 II 自省 late 组中，尽管都是自省制度，但是两者公布评价结果的时间节点不同（设置 I 自省 early 组先汇报信念再公布结果，在设置 II 自省 late 组中先公布结果再汇报信念），导致实验参与人对制度的初始感知不同，进而出现上述差异；其次，在设置 II 自省 late 组和设置 III 他省 late 组中，尽管实施的外部制度不同，但是公布评价结果的时间节点高度类似，进而促使两个设置之中的总体效应类似，即初始贡献量无差异、第二次贡献量存在差异。

上述结果可以在一定程度上说明，实验参与人对于不同的机制是存在不同的感知的，即实验参与人可以很好地理解实验中设计的评价任务。不仅如此，实验后问卷的结果也可以支持上述结论。

实验后问卷中涉及评价结果影响的题项，主要从以下四个方面对实验参与人进行询问：（1）"在实验中，评价行为的结果公布会影响你在实验中的决策吗？"（2）"在实验中，你会依据组内成员的行为评价结果调整自己的投入量吗？"（3）"在实验中，你会依据行为评价的结果调整自己对你们小组其他两人贡献量的估计吗？"（4）"在实验中，你会依据行为评价的结果调整自己对你们小组贡献量均值的估计吗？"在上述四个问题中，本研究均使用五点量表让实验参与人进行评价（1代表"非常"、2代表"比较"、3代表"一般"、4代表"基本不"、5代表"非常不"）。

各个问题的评价分数的描述性统计如表5.15所示。表5.15展示的统计结果表明，实验参与人自我汇报的评价结果的影响的均值为2左右。同时，从五点量变各个分数的观察值来看，所有的实验参与人都认为评价结果是有影响的，并且实验参与人在四种情况下认为影响比较大（及以上）的比例分别为83.33%、85.56%、77.78%和74.44%。这一结果说明，在实验中，实验参与人主观认为评价行为会对其社会困境中的合作信念产生影响，假设5-4和假设5-5得到一定程度的验证。

表 5.15　　　　　　实验后问卷中评价行为的评估统计

变量	观察值					平均值	标准差
	1	2	3	4	5		
Behavior	36	39	11	4	0	1.81	0.086
Behavior1	45	32	9	4	0	1.69	0.087
Behavior2	30	40	18	2	0	1.91	0.083
Behavior3	18	53	16	3	0	2.04	0.076

3. 设置效应

为了进一步验证本节中的假设5-4和假设5-5，接下来对不同设置中的信念水平进行分析。主要从以下两个方面展开：首先，对比在同一个设置中第一次汇报的合作信念和第二次汇报的合作信念之间的差异；其次，分别对比三种合作信念（关于自我的合作信念、关于他人的合作信念和关于群体的合作信念）在三种设置（设置Ⅰ自省 early 组、设置Ⅱ自省 late 组和设置Ⅲ他省 late 组）中相互之间的差异。

表5.16 是设置Ⅰ自省 early 组中实验参与人第一次汇报的三种合作信念（Belief. self1、Belief. other1 和 Belief. pg1）和第二次汇报的三种合作信念（Belief. self2、Belief. other2 和 Belief. pg2）的均值、方差以及前后信念的配对样本 T 检验的结果。

从表 5.16 中的数据结果分析来看：关于自我的合作信念 Belief. self2 显著大于 Belief. self1（5.80 > 5.37）；关于他人的合作信念 Belief. other2 显著大于 Belief. other1（5.43 > 5.17）；关于群体的合作信念 Belief. pg2 的均值大于 Belief. pg1 的均值（5.53 > 5.30），但是并不显著。也就是说，单纯的自省过程（不公布自省结果）可以影响关于自我的合作信念和关于他人的合作信念，但是对关于群体的合作信念的影响并不显著，假设 5-5a 和假设 5-5b 得到验证，假设 5-5c 未证实。

表5.16   **设置Ⅰ合作信念水平绝对量 T 检验**

变量	均值 （标准差）	变量	均值 （标准差）	T 检验	显著性
Belief. self1	5.37 (0.229)	Belief. self2	5.80 (0.272)	T = 2.450 P = 0.0173	**
Belief. other1	5.17 (0.192)	Belief. other2	5.43 (0.220)	T = 2.088 P = 0.0411	**
Belief. pg1	5.30 (0.181)	Belief. pg2	5.53 (0.217)	T = 1.651 P = 0.1041	—

注：** 表示在 0.05 水平上显著。

上述结果的出现，可以从个体自省与群体自省的角度加以解释。从个体层面上认识自省，将自省看成个体的一种认知风格。自省必然离不开反思，反思包括对反思目标的留心、觉察、审视和评估。"见贤思齐，见不贤而内省也"，"知明则行无过"，对自身决策进行分析和反思，认识自己当前决策的局限性，从而提高自己的认知水平，使之达到新高度，进而战胜自私自我、显现利他自我，突破现有合作瓶颈。当不公布实验参与人自省的结果，也就是自省不作为外在信号进行表露时，实验参与人的自省更多地局限于个体层面而不是群体层面，即个体自我内省的阶段。此时，博弈参与人自身不断进行公与私的斗争、理性与欲望的较量，确立自己的合作信念并以此揣度他人的合作信念。但是，对于群体的合作信念并不仅依赖于自我的内省（自省），其他成员表现出来的外在的合作信号同样重要。因此，当自省仅是个体内省、并不显现于群体内省的时候，参与人关于群体的合作信念的改变并不显著。这一研究结论与何贵兵（2014）的研究结论相似，在他们的研究中发现，集体反馈比个体反馈更能促进参与个体的合作水平。

表 5.17 是设置 II 自省 late 组中实验参与人第一次汇报的三种合作信念（Belief. self1、Belief. other1 和 Belief. pg1）和第二次汇报的三种合作信念（Belief. self2、Belief. other2 和 Belief. pg2）的均值、方差以及前后信念的配对样本 T 检验的结果。

表 5.17   设置 II 合作信念水平绝对量 T 检验

变量	均值（标准差）	变量	均值（标准差）	T 检验	显著性
Belief. self1	7.73 (0.359)	Belief. self2	7.97 (0.313)	T = 4.011 P = 0.0002	***
Belief. other1	5.98 (0.381)	Belief. other2	7.08 (0.379)	T = 3.472 P = 0.001	**
Belief. pg1	6.10 (0.367)	Belief. pg2	7.17 (0.297)	T = 3.595 P = 0.0007	***

注：**、***分别表示在 0.05、0.01 水平上显著。

表 5.17 中的数据结果显示：关于自我的合作信念 Belief. self2 显著大于 Belief. self1（7.97 > 7.73）；关于他人的合作信念 Belief. other2 显著大于 Belief. other1（7.08 > 5.98）；关于群体的合作信念 Belief. pg2 的均值显著大于 Belief. pg1 的均值（7.17 > 6.10）。这一结果说明，当同时考虑自省的过程和自省的结果对参与人的合作信念（关于自我的合

作信念、关于他人的合作信念和关于群体的合作信念）的影响时，参与人三种类型的合作信念都会发生变化，假设 5 - 5a、假设 5 - 5b 和假设 5 - 5c 均得到验证。

上述结果的出现，同样可以从个体自省与群体自省的角度加以解释。当自省的结果公布后，每一个实验参与人的自省并不仅是个体自身的内省过程，而是群体自省的过程。群体自省时，群体成员对群体的目标进行公开反省和沟通，以使他们适应当前或者预期的变化，这个过程对于角色内绩效和角色外绩效（组织认同）都具有积极作用（Tjosvold，1998）。群体关注变化并根据变化做出反应，通过对群体目标、战略以及过程进行反省，自省性的群体能够快速地收集和传播信息，快速作出决策，并且能够及时地解决与任务相关的问题（马永远，2015）。同时，自省的群体往往会意识到群体行动的影响，更可能持续地审视自身的内部环境，群体中成员的行动也往往更加积极主动，并且会根据收益的反馈采取行动，据此进行调整或者改进，在群体内形成一种良好的、依靠成员间的反思与行动实现的动态互动机制，进而实现群体决策效率的提升（Hoegl & Parboteeah，2010）。

群体自省性反映了群体的自我调整能力，进行自省的群体能够提高绩效。此时的自省是群体成员间相互观察比较的一种重要心理认知过程。基于群体成员这类心理认知过程的自省性认知行为的路径可以简化为"效应感知—行为—结果"，即个体的心理感知会影响到其决策行为，个体决策行为将导致群体决策的最终结果。在"效应感知—行为—结果"的过程中，检查自己、找出缺失，有利于在公与私、是与非的博弈中认识、提升自己，协调好自身利益和公众利益。

自省性认知是一个人在内心深处进行吐故纳新的过程。在这个新旧交替的过程中，需要内省性"自我"随时随地对自身先前的认知、以往的行为进行反省和剖析。尽管社会困境中"自我"的驱动和激励作用是必不可少的，但是"自我"在调整的同时并不会完全屏蔽外界条件的影响，因此，合作信念必然也会受到外在制度的影响。

表 5.18 是设置Ⅲ他省 late 组中实验参与人第一次汇报的三种合作信念（Belief. self1、Belief. other1 和 Belief. pg1）和第二次汇报的三种合作信念（Belief. self2、Belief. other2 和 Belief. pg2）的均值、方差以及前后信念的配对样本 T 检验的结果。

表 5.18 中的数据结果显示：关于自我的合作信念 Belief. self2 显著大于 Belief. self1 （7.77 > 6.67）；关于他人的合作信念 Belief. other2 显著大于 Belief. other1 （7.27 > 6.00）；关于群体的合作信念 Belief. pg2 的均值显著大于 Belief. pg1 的均值 （7.67 > 6.20）。这一结果说明，他省制度对参与人的合作信念（关于自我的合作信念、关于他人的合作信念和关于群体的合作信念）都存在显著影响，假设 5 - 4a、假设 5 - 4b 和假设 5 - 4c 均得到验证。

与自省性不同，他省实质上可以看作是非物质惩罚的一种。当公布投资结果之后，实验参与人分别对其组内其他两名实验参与人的合作行为进行评价，随后公布评价结果。公布的评价结果当中可能会含有对其他实验参与人不满的语句。除此之外，外省结果实质上还承载了实验参与人对其他实验参与人的期望。这些都会被实验参与人当作是社会困境中他人或者群体合作的信号，并以此揣测他人乃至整个群体的合作信念，进而调整自身的合作行为。

表 5.18 设置Ⅲ合作信念水平绝对量 T 检验

变量	均值（标准差）	变量	均值（标准差）	T 检验	显著性
Belief. self1	6.67 (0.348)	Belief. self2	7.77 (0.332)	T = 3.821 P = 0.0003	***
Belief. other1	6.00 (0.308)	Belief. other2	7.27 (0.356)	T = 4.867 P < 0.001	***
Belief. pg1	6.20 (0.303)	Belief. pg2	7.67 (0.296)	T = 5.599 P < 0.001	***

注：*** 表示在 0.01 水平上显著。

综合上述研究发现，在同一设置中，不同的评价行为（内省或者他省）都会对参与人的三种合作信念（关于自我的合作信念、关于他人的合作信念和关于群体的合作信念）产生相应的影响。那么对于相同的合作信念，不同的评价行为对其的影响程度是否相同呢？

为了回答上述问题，本研究接下来使用均值比较和 T 检验进一步分析。

首先，对比设置Ⅰ自省 early 组和设置Ⅱ自省 late 组，进一步探索个体自省和群体自省对合作信念的影响。表 5.19 是设置Ⅰ自省 early 组和设置Ⅱ自省 late 组中参与人第二次汇报的信念（Belief. self2、Belief. other2 和 Belief. pg2）的均值、方差以及上述两种设置中相同类型信念 T 检验的结果。

表 5.19 中的数据结果显示：设置Ⅰ自省 early 组中关于自我的合作信念 Belief. self2 的均值显著小于设置Ⅱ自省 late 组中 Belief. self2 的均值（5.80 < 7.97）；设置Ⅰ自省 early 组中关于他人的合作信念 Belief. other2 的均值显著小于设置Ⅱ自省 late 组中 Belief. other2 的均值（5.43 < 7.08）；设置Ⅰ自省 early 组中关于群体的合作信念 Belief. pg2 的均值显著小于设置Ⅱ自省 late 组中 Belief. pg1 的均值（5.53 < 7.17）。

这一结果说明，群体自省对三种合作信念的影响程度大于个体自省对三种信念的影响程度。如果将个体自省的影响定义为参与人自身内省和反思的作用，那么群体自省除了个体自我反省的作用外，还包括公布评价结果后内省的信号作用。群体中的合作参与人获得其他同伴的自省信息后，可以获得更多的信息以揣测其他成员的合作信念，因此，设置Ⅱ自省 late 组中合作信念的改变程度要高于设置Ⅰ自省 early 组中合作信念的改变程度。同时，由于信号作用的存在，设置Ⅰ自省 early 组和设置Ⅱ自省 late 组中 T 检验结果也是显著的。

表 5.19　　　　　　　　　　自省效应 T 检验

变量	Belief. self2	Belief. other2	Belief. pg2
设置Ⅰ	5.80 (0.272)	5.43 (0.220)	5.53 (0.217)
设置Ⅱ	7.97 (0.313)	7.08 (0.379)	7.17 (0.297)
T 检验	$T = 5.230$ $P < 0.001$	$T = 3.767$ $P = 0.0003$	$T = 4.185$ $P = 0.001$
显著性	***	***	**

注：**、*** 分别表示在 0.05、0.01 水平上显著；括号内数字为标准差。

其次，本研究对比设置Ⅱ自省 late 组和设置Ⅲ他省 late 组，进一步探索公布评价结果的两种助推机制对三种合作信念的不同影响。

表 5.20 是设置 Ⅱ 自省 late 组和设置 Ⅲ 他省 late 组中参与人第二次汇报的信念（Belief. self2、Belief. other2 和 Belief. pg2）的均值、方差以及上述两设置中相同类型信念 T 检验的结果。

表 5.20　　　　　　　　　自省与他省效应 T 检验

变量	Belief. self2	Belief. other2	Belief. pg2
设置 Ⅱ	5.80 (0.272)	5.43 (0.220)	5.53 (0.217)
设置 Ⅲ	6.78 (0.232)	7.27 (0.356)	7.67 (0.296)
T 检验	T = 4.58 P < 0.001	T = 4.38 P < 0.001	T = 5.82 P < 0.001
显著性	***	***	***

注：*** 表示在 0.01 水平上显著；括号内数字为标准差。

表 5.20 中的数据结果显示：设置 Ⅱ 自省 late 组中关于自我的合作信念 Belief. self2 均值显著小于设置 Ⅲ 他省 late 组中 Belief. self2 均值（5.80 < 6.78）；设置 Ⅱ 自省 late 组中关于他人的合作信念 Belief. other2 均值显著小于设置Ⅲ他省 late 组中 Belief. other2（5.43 < 7.27）；设置 Ⅱ 自省 late 组中关于群体的合作信念 Belief. pg2 的均值显著小于设置Ⅲ他省 late 组中 Belief. pg2 的均值（5.53 < 7.67）。

这一结果说明，自省对三种合作信念的影响程度小于他省对三种信念的影响程度。这一结论与第一节中的结论是一致的。在第一节中，本研究发现，在重复博弈的前三期中，他省对于合作水平的提升高于自省合作水平的提升，说明在短时间内他省比自省更加有效。对应本节中的实验（一次性博弈），本研究认为，他省对于合作信念的影响大于自省对于合作信念的影响。

5.3　本章小结

本章作为本研究的核心关注点，沿着合作信念的逻辑主线，以第 3

章合作行为的信念基础和第 4 章合作行为的神经基础为依据，设计了两个行为实验，分别研究了自省和他省两种助推机制的制度效应和内在作用机理，探索有效改变社会困境中参与人的合作行为、提升社会困境治理水平的助推机制。

本章的第一个重点是探讨自省和他省两种助推机制对合作行为的影响。具体来说就是，探讨在社会困境中，基于评判和引导的他省制度对参与人的合作行为是否具有助推作用、基于内省的自省制度对参与人的合作行为是否具有助推作用。

为了实现上述目的，本实验基于公共物品博弈的框架，嵌入内省和他省规则，使用比较制度实验的方法进行探究。在此实验中，总共有三种设置：设置 I 基准组，为一般的公共物品博弈实验；设置 II 自省组，为两期公共物品博弈之间插入自省评价语句库并要求参与人对自己的投资行为进行评价，然后公布评价结果；设置 III 与设置 II 基本相同，区别是将自省语句库替换为他省语句库。

助推机制的比较制度实验研究发现，在自省制度下，成员的自省程度与自己本期公共物品贡献量负相关、与他人本期公共物品贡献量正相关、与自己本期投资收益正相关、与他人本期投资收益负相关，滞后一期公共物品贡献量与其自省程度正相关、与他人的自省程度负相关；在他省制度框架下，成员的他省程度与自身本期公共物品贡献量正相关、与他人本期公共物品贡献量负相关、与自己本期投资收益负相关、与他人本期投资收益正相关，他省设置中滞后一期的投资量与自身受到他省程度负相关、与自己他省程度正相关。

由此可知，不管是自省制度还是他省制度，都在一定程度上提升了小组公共物品的贡献量，表明自省制度和他省制度都存在制度效应。但是，两者的作用并不完全相同，相较于他省制度，自省制度的作用更加明显，并且持续时间更长、更稳定；他省制度框架下，成员间的积极引导比彼此的批判责备对提升公共物品贡献量更加有效，成员间更加偏好内部激励而不是外部约束。

本章的第二个重点是探索内省机制和他省机制的作用是否是通过影响参与人的合作信念来实现的。具体来说就是，内省机制是否是通过改变合作信念发挥助推作用、他省机制是否是通过改变合作信念发挥助推作用。

　　为了实现上述目的，本部分实验是在第一个实验中的设置 Ⅱ 和设置 Ⅲ 的基础上，测量参与人博弈过程中关键节点的三种合作信念（关于自我的合作信念、关于他人的合作信念和关于群体的合作信念），通过分析参与人合作信念的变化，探讨自省和他省助推机制对合作信念的影响。

　　本实验为单期实验，实验中要求参与人自省和他省前后分别汇报合作信念。具体来说，实验总共分为三种设置：设置 Ⅰ 自省 early 组、设置 Ⅱ 自省 late 组和设置 Ⅲ 他省 late 组。其中，设置 Ⅰ 自省 early 组和设置 Ⅱ 自省 late 组的唯一区别是，在设置 Ⅰ 自省 early 组中第二次信念的汇报是在公布自省结果之前，而在设置 Ⅱ 自省 late 组中第二次信念的汇报是在公布自省结果之后；设置 Ⅱ 自省 late 组和设置 Ⅲ 他省 late 组的唯一区别是，在设置 Ⅱ 自省 late 组中使用自省语句库，而在设置 Ⅲ 他省 late 组中使用他省语句库。

　　助推机制内在机理的实验研究发现，单纯的自省过程（不公布自省结果）可以影响关于自我和关于他人的合作信念，但是对关于群体的合作信念的影响并不显著。但是，如果同时将自省过程和自省结果的影响纳入考虑，则参与人的三种类型的合作信念都发生了改变。他省制度对参与人的三种合作信念也存在类似的显著影响。这些结果说明，自省和他省制度可以影响社会困境中参与人的合作信念，进而改变参与人的合作水平，发挥其对合作行为的助推作用。

　　上述实验研究的结果证明，自省机制和他省机制不仅提升了个体间的合作水平，也提升了群体内的整体合作水平，这意味着，自省和他省机制可以通过改变个体在社会困境中的合作行为助推社会整体的合作行为，即发挥社会困境治理的制度效应。同时，由于自省和他省机制的设计是将参与人内在合作偏好（信念）纳入，符合助推的概念（Taler & Sunstain，2008）。

151

第6章　结论与展望

本研究聚焦社会治理的微观基础，通过梳理社会治理、合作行为和社会困境三个方面的相关研究，厘清研究思路，确立研究空间，即首先探索社会困境中合作行为的信念基础和神经基础，进而明确社会困境中合作行为的微观基础，其次以此为依据，从合作行为的微观视角设计社会困境治理的助推机制。该研究结论可以为推进建设"共建共治共享"的社会治理新格局提供微观层面的理论支持。本研究以合作信念为逻辑起点，将行为经济学和神经经济学的分析范式拓展到社会困境治理领域，基于公共物品博弈框架，模拟社会困境中的合作场景，探讨合作信念对合作行为的影响机理，并通过比较制度实验探索可以优化社会困境中合作行为的助推机制。具体来说，首先，使用行为实验，从关于自我的合作信念、关于他人的合作信念和关于群体的合作信念三个维度，剖析社会困境中合作信念对于合作行为的影响机理；其次，通过神经实验研究进一步明确社会困境中合作行为的神经基础；最后，根据行为层面和神经层面的研究结果，从合作行为的微观视角探索社会困境治理的助推机制，并检验该助推机制的作用机理。本章归纳上述研究结论，分析本研究的客观局限性和未来可以进一步发展的研究方向。

6.1　研究结论

绪论部分提出了探索社会困境中合作行为的信念基础、神经基础和助推机制问题。在社会困境中，参与人交互合作产生的合作信念（如关于自我的合作信念、关于他人的合作信念和关于群体的合作信念）对于社会困境中的合作行为有何作用？上述三种合作信念的神经机制是什么？如何通过机制设计来激励人们提升社会合作水平、有效突破社会困境？

为此，本研究主要探讨了以下几个方面的具体问题：（1）社会困境中合作行为的信念基础，本书分别探讨了关于自我的合作信念、关于他人的合作信念和关于群体的合作信念对社会合作行为的影响；（2）社会困境中合作行为的神经基础，本书分别探讨了上述三种合作信念与 DLPFC 的关系；（3）社会困境中合作行为的助推机制，本书对提升社会合作水平的治理机制及其作用机理进行了探讨。

通过对上述问题的研究，本研究得出以下三点主要结论。

（1）关于自我的合作信念、关于他人的合作信念和关于群体的合作信念共同作用于社会困境中的合作行为，但是三者的作用并不相同。

第 3 章以合作信念为逻辑起点，使用行为实验研究方法，基于公共物品博弈的基本框架，从关于自我的合作信念、关于他人的合作信念和关于群体的合作信念三个维度，解构个体利益最大化和群体利益最大化存在冲突的社会困境中人们的合作行为，剖析社会成员之间的合作信念对社会合作水平的影响，进而厘清社会困境中合作行为的信念基础。本研究发现，社会困境中参与成员之间的三种合作信念（关于自我的合作信念、关于他人的合作信念和关于群体的合作信念）都会影响社会困境中的合作水平，合作行为是三种合作信念共同作用的结果。

在只考虑关于自我的合作信念对合作行为的影响时，关于自我的合作信念越高，社会合作水平越高；反之，关于自我的合作信念越低，社会合作水平越低。关于自我的合作信念作为唯一因素时，显著正向影响社会困境中的合作行为。然而，当同时考虑关于他人的合作信念和关于群体的合作信念的一种或者多种时，关于自我的合作信念对于合作行为的影响就会发生反转。此时，合作水平主要取决于关于他人的合作信念和关于群体的合作信念。

与关于自我的合作信念不同，关于他人的合作信念和关于群体的合作信念对于合作行为的影响方向是确定的。无论是单独考虑关于他人的合作信念和关于群体的合作信念，还是同时考虑这两者，又或者同时考虑三种合作信念，关于他人的合作信念和关于群体的合作信念都显著正向影响社会困境中的合作行为。关于他人（群体）的合作信念越高，社会合作水平越高，反之则越低。

153

（2）DLPFC 脑区与关于自我的合作信念、关于他人的合作信念和关于群体的合作信念相关，是社会困境中合作行为的神经基础。

第 4 章继续以合作信念为逻辑起点，使用神经实验的研究方法，运用 tDCS 技术，分别检验了 DLPFC 脑区与社会困境中关于自我的合作信念、关于他人的合作信念和关于群体的合作信念的关系，展现 DLPFC 脑区与社会困境中合作信念的因果关系，进而揭示社会困境中合作行为的神经基础。本研究发现，社会困境中参与成员之间的三种合作信念与 DLPFC 脑区存在因果关系，该脑区是社会困境中合作行为的神经基础。

关于自我的合作信念与 DLPFC 脑区的活性存在因果关系，DLPFC 脑区越活跃，关于自我的合作信念越高，反之越低。在公共物品博弈刻画的社会困境中，tDCS 刺激参与人 DLPFC 脑区后，显著改变了其关于自我的合作信念，具体表现在：第一，在不区分身份类型的条件下，三种 tDCS 设置（阳极、阴极和虚拟）的总体均值存在显著差异，即阳极刺激设置中的关于自我的合作信念的均值高于虚拟刺激设置中的均值，阴极刺激设置中的均值低于虚拟刺激设置中的均值；第二，这一结果对于两种类型（HIGH 和 LOW）的参与人都分别成立，即设置效应与参与人的初始类型无关。同时，在同一设置中，不同身份类型的参与人关于自我的合作信念存在差异。从这个角度来看，参与主体对于初始拥有的禀赋数量很敏感。这意味着，人们自身的社会地位或拥有的原始资源是其激发关于自我的合作信念的重要因素。此外，tDCS 阳极刺激与 tDCS 阴极刺激对不同类型的参与人关于自我的合作信念的影响不同。相同的 tDCS 对低初始禀赋参与人的关于自我的合作信念的改变大于对高初始禀赋参与人的改变。

类似的，关于他人的合作信念与 DLPFC 脑区的活性也存在因果关系，DLPFC 脑区越活跃，关于他人的合作信念越高，反之越低。在公共物品博弈刻画的社会困境中，tDCS 刺激参与人 DLPFC 脑区后，也显著改变了其关于他人的合作信念，具体体现在：第一，在不区分身份类型的条件下，三种 tDCS 设置的总体均值存在显著差异，阳极刺激设置中参与人关于他人的合作信念的均值高于虚拟刺激设置中的均值，阴极刺激设置中的均值低于虚拟刺激设置中的均值；第二，这一结果对于两种类型（HIGH 和 LOW）的参与人都分别成立，即设置效应与参与人的初始类型无关。同时，在同一设置中，不同身份类型的参与人关于他

人的合作信念存在差异。从这个角度来看，参与主体对于初始拥有的禀
赋数量很敏感。这意味着，人们自身的社会地位或拥有的原始资源也是
激发关于他人的合作信念的重要因素。此外，tDCS 阳极刺激与 tDCS 阴
极刺激对不同类型的参与人关于他人的合作信念的影响不同。相同的
tDCS 对高初始禀赋参与人关于他人的合作信念的改变大于对低初始禀
赋参与人的改变。

类似的，关于群体的合作信念与 DLPFC 脑区的活性也存在因果关
系，DLPFC 脑区越活跃关于群体的合作信念越高，反之越低。在公共
物品博弈刻画的社会困境中，tDCS 刺激参与人 DLPFC 脑区后，也显著
改变了其关于群体的合作信念，具体表现在：第一，在不区分身份类型
的条件下，三种 tDCS 设置的总体均值存在显著差异，阳极刺激设置中
的关于群体合作信念的均值高于虚拟刺激设置中的均值，阴极设置中的
均值低于虚拟刺激设置中的均值；第二，这一结果对于两种类型
（HIGH 和 LOW）的参与人都分别成立，即设置效应与参与人的初始类
型无关。同时，在同一设置中，不同身份类型的参与人关于群体的合作
信念存在差异。从这个角度来看，参与人对于初始拥有的禀赋数量很敏
感。这意味着，人们自身的社会地位或拥有的原始资源是激发群体合作
信念的重要因素。此外，tDCS 阳极刺激与 tDCS 阴极刺激对不同类型的
参与人关于群体的合作信念的影响不同。相同的 tDCS 对高初始禀赋参
与人关于群体的合作信念的改变大于对低初始禀赋参与人的改变。

（3）自省和他省是社会困境中合作行为的助推机制，并且两者都
是通过与社会困境中的合作信念互动发挥其助推作用。

第 5 章使用比较制度实验研究的方法，以社会困境中合作行为的信
念基础和神经基础为依据，按照评判引导式的他省和内省式的自省规则
建立评价语句库，通过实验室构造出不同的决策环境，在基准实验的基
础上嵌套他省和自省规则进行研究，考察自省和他省机制对社会困境中
合作行为的助推作用，并探索两种外部助推机制与社会成员内部合作信
念的互动机理。研究发现，自省和他省制度都对社会困境中的合作行为
具有助推作用，并且二者都是通过与社会困境中的合作信念互动发挥其
助推作用。

在自省制度下：参与成员的自省程度与自己当前社会合作水平负相
关、与他人当前社会合作水平正相关；未来社会合作水平与其自省程度

正相关，与他人的自省程度负相关。在他省制度下：成员的他省程度与自身当前社会合作水平正相关，与他人当前社会合作水平负相关；未来的合作水平与自身受到的他省程度负相关，与自身的他省程度正相关。

与此同时，自省和他省的助推效果并不完全相同。相较于他省制度，自省制度的助推作用更明显，并且持续时间更长、更稳定。此外，本研究发现，在他省制度下，参与主体之间的积极引导比批判责备对提升社会合作水平更加有效，即成员间更加偏好内部激励而不是外部约束。此时，外部惩罚机制的监督和威慑作用微乎其微，只有借助"内省"，激发参与人相互合作的内部驱动因素，才有可能突破社会困境。

自省和他省制度对社会困境中合作行为的助推作用源于其对社会困境中参与人合作信念的改变。不具备信号作用的、单纯的自省制度（不公布自省结果）显著影响参与主体关于自我的合作信念和关于他人的合作信念，但是对于关于群体的合作信念的影响并不显著。当赋予自省制度信号作用（在参与主体之间公布自省结果）时，自省制度显著影响参与主体的三种合作信念（即关于自我的合作信念、关于他人的合作信念和关于群体的合作信念）。他省制度对参与人在社会困境中的三种合作信念都存在显著影响。

6.2　研究展望

本研究聚焦社会治理中多主体交互合作的微观基础，通过文献梳理确定整体研究逻辑框架，即以合作信念为逻辑起点，以探索社会困境中合作行为的微观基础（包括信念基础和神经基础）为重点，以设计社会困境中合作行为的助推机制为关注点展开研究。作为一项基于文献梳理、统计分析和实验研究的综合性研究，受当前的研究方法、数据资源等方面的限制，本研究仍然存在可以进行后续拓展的空间，结合本研究的结论，未来的研究工作可以尝试从以下方面开展。

1. 考察社会治理中多元主体交互合作信念的演化机制

本研究证明了社会治理中多元主体交互合作的信念基础，即关于自我的合作信念、关于他人的合作信念和关于群体的合作信念共同塑造合作行为。但是这种影响是静态信念的表现，本研究对于合作信念交互过程中的动态演化考察不足。社会治理主体交互合作的行为模式演变的根源在于合作信念的更新和演化。例如，在社会生活中人们可能根据信念不断调整自己的合作行为，以建立一个可靠的形象和获得一个应得的社会认同（Chang et al., 2011）。上述行为调整的过程，必然存在合作信念的更新和演化。由于信念的变化通常表现为"信息瀑布"和"羊群行为"，在后续对社会治理中多元主体交互合作信念的演化机制进行研究时，可以结合钝化信念（李建标等，2011）或者异权重模型进行综合研究。

2. 深入社会治理主体内部考察个体合作信念到组织合作信念的聚合机制

政府、企业和社会组织等社会治理主体最终的行为都是内部决策者行为的体现，基于此，本研究将其归一化处理（参考公共物品博弈实验中边际回报率相同的情形），聚焦社会治理多元主体交互合作的微观基础。但是，这些多元主体都是复杂的组织结构，彼此之间的作用、权责与地位有诸多不同（贺连辉和曾维和，2015），最终的决策行为也并不是治理主体内部所有个体行为的简单加总。因此，在后续的研究中，可以将政府、企业和社会组织等多元主体进行人格化处理，使用场景实验和演化分析的方法，分类别甄别和分析各治理主体合作信念的特征，刻画符合各治理主体主要特点的博弈模型，探究合作信念的聚合机制。例如，就政府这一治理主体而言，要提升其收益函数中关于自我的合作信念的权重。因为社会中屡见不鲜的官员腐败现象已经充分证明自利对于政府决策影响的重要性，这种现象很可能是政府官员自我关注高的表现。

3. 考察社会治理主体的偏好结构对合作行为的影响机理

社会治理主体的偏好结构也是多元主体行为交互模式重要的微观基础之一。在社会治理多元主体的交互协作中，信任偏好、风险偏好、互惠偏好和时间偏好都会在其中发挥重要作用。与此同时，由于偏好会因为情境的不同而不同，所以偏好因素对于制度框架的感知会更加敏感，这是偏好对于制度框架的依赖性。因此，如果能够厘清社会治理主体的

157

偏好结构对合作行为的影响机理，同时考量偏好和信念对多主体行为交互的影响，可以更好地推进社会治理改革。

6.3　本　章　小　结

　　本章首先归纳了本研究的三点主要结论，其次基于目前受客观条件限制导致的研究不足之处，提出了未来研究工作可行的方向。

　　本章的重点是总结整个研究过程，回应绪论中提出的社会困境中合作行为的信念基础、神经基础和助推机制问题，总结上述问题的结论：第一，社会困境中参与成员之间的合作信念（关于自我的合作信念、关于他人的合作信念和关于群体的合作信念）都会影响社会困境中的合作水平，合作行为是三种合作信念共同作用的结果，这是社会困境中合作行为的信念基础；第二，社会困境中参与成员之间的合作信念（关于自我的合作信念、关于他人的合作信念和关于群体的合作信念）与DLPFC脑区存在因果关系，该脑区是社会困境中合作行为的神经基础；第三，自省和他省制度都对社会困境中的合作行为具有助推作用，并且二者都是通过与社会困境中的合作信念互动发挥其助推作用，这是社会困境中合作行为的助推机制。从信念基础到神经基础，最后基于行为和神经研究的综合结果，设计提升社会困境中合作水平的助推机制，综合阐述了本研究的上述三点主要结论的具体内容和潜在价值。

　　最后，结合本研究的过程和结论，对未来的研究工作作出展望。

参 考 文 献

［1］Aoki. 比较制度分析［M］. 周黎安, 译. 上海: 上海远东出版社, 2001.

［2］阿夫纳·格雷夫. 大裂变: 中世纪贸易制度比较和西方的兴起［M］. 北京: 中信出版社, 2008: 26 - 27.

［3］奥尔森. 集体行动的逻辑［M］. 陈郁、郭宇峰、李崇新, 译. 上海: 格致出版社, 2010.

［4］奥尔森. 权力与繁荣［M］. 苏长、稀飞, 译. 上海: 上海世纪出版社, 2011.

［5］Bowles S. 微观经济学: 行为、制度与演化［M］. 周业安, 等译. 北京: 中国人民大学出版社, 2006.

［6］陈家刚. 从社会管理走向社会治理［N］. 学习时报, 2012 - 10 - 22 (6).

［7］陈晓萍. 走出社会困境: 有效诱导合作的心理机制［M］. 北京: 北京大学出版社, 2013.

［8］陈叶烽, 何浩然. 是什么影响了人们的自愿合作水平——基于公共品博弈实验数据的分析［J］. 经济学家, 2012 (5): 18 - 26.

［9］陈叶烽. 亲社会性行为及其社会偏好的分解［J］. 经济研究, 2009 (12): 131 - 144.

［10］邓正来. 邓正来自选集［M］. 桂林: 广西师范大学出版社, 2000.

［11］董志强. 制度及其演化的一般理论［J］. 管理世界, 2008 (5): 151 - 165.

［12］窦凯, 聂衍刚. 合作行为的神经机制及研究展望［J］. 广州大学学报 (社会科学版), 2017, 16 (12): 41 - 48.

［13］段华明. 新时代社会治理体系和治理能力现代化［N］. 深圳

特区报，2019 – 03 – 12（B09）.

[14] 高斌. 公众参与社会治理的路径选择和政策激励 [J]. 世纪桥，2018（10）：86 – 88，93.

[15] 高红，朴贞子. 我国社会组织政策参与及其制度分析 [J]. 中国行政管理，2012（1）：73 – 76.

[16] 高雷. 基于代理人自我价值负载的行为公司治理研究 [J]. 南京审计大学学报，2011，8（1）：1 – 8.

[17] 龚维斌. 社会治理是社会管理的升级版 [J]. 理论视野，2014（1）：31 – 34.

[18] 韩鹏云. 乡村研究视阈中的国家与社会关系理论——脉络检视与范式反思 [J]. 天津行政学院学报，2012，14（6）：35 – 41.

[19] 杭承政. 考虑个体非理性的公共政策——评《2015 年世界发展报告：思维、社会与行为》[J]. 公共管理评论，2017（1）：164 – 171.

[20] 何贵兵. 动态两难对策中信息反馈方式对合作行为的影响 [J]. 心理科学，2004，27（4）：876 – 880.

[21] 何颖. 我国政府职能转变问题的反思 [J]. 行政论坛，2010，17（4）：35 – 38.

[22] 何增科. 中国政府创新的趋势分析——基于五届"中国地方政府创新奖"获奖项目的量化研究 [J]. 北京行政学院学报，2011（1）：1 – 8.

[23] 胡卫鹏，区永东，时勘. 连续性公共物品困境中信息结构对决策行为的影响 [J]. 心理科学，2005，28（3）：580 – 583.

[24] 康均心. 大数据时代扫黑除恶与社会治理网格化研究 [J]. 武汉公安干部学院学报，2018（4）：8 – 9.

[25] 李建标，巨龙，任广乾. 钝化信念维系的信息瀑布及其应用 [J]. 经济评论，2011（3）：30 – 35.

[26] 李建标，李朝阳. 信任的信念基础——实验经济学的检验 [J]. 管理科学，2013，26（2）：62 – 71.

[27] 李睿莹，张希. 元治理视角下地方政府社会治理主体结构及多元主体角色定位研究 [J]. 领导科学，2019（4）：32 – 35.

[28] 李纾. 决策心理：齐当别之道 [M]. 上海：华东师范大学出

版社，2016.

［29］李维安．非营利组织发展：治理改革是关键［J］．南开管理评论，2012，15（4）：1.

［30］李维安．社会组织治理转型：从行政型到社会型［J］．南开管理评论，2015（2）：1.

［31］李维安．推进全面深化改革的关键——树立现代治理理念［J］．理论参考，2014（2）：27－28.

［32］李维安．"治理一般"与"治理思维"［J］．南开管理评论，2011（6）：1.

［33］李晓义，李建标．互惠、信任与治理效率——基于比较制度实验的研究［J］．南开经济研究，2009（1）：101－121.

［34］李菅．公众参与制度化：社会治理创新的突破口［J］．领导科学，2018（35）：47－49.

［35］李友梅．当代中国社会治理转型的经验逻辑［J］．中国社会科学，2018（11）：58－73.

［36］李忠汉，刘普．"国家——社会"关系理论视野下社会治理的建构逻辑［J］．中国社会科学院研究生院学报，2017（3）：107－114.

［37］连洪泉，周业安，左聪颖，等．惩罚机制真能解决搭便车难题吗？——基于动态公共品实验的证据［J］．管理世界，2013（4）：69－81.

［38］刘长江，邓诗懿．基于社会困境视角的组织公民行为研究［J］．外国经济与管理，2009，31（11）：52－57.

［39］陆明远．实现企业社会责任中的社会组织功能研究［J］．学术论坛，2010，33（12）：82－86.

［40］罗昕．算法媒体的生产逻辑与治理机制［J］．人民论坛·学术前沿，2018（24）：25－39.

［41］马海韵．"共建共治共享社会治理格局"的理论内涵——基于社会治理创新的视角［J］．北京交通大学学报（社会科学版），2018，17（4）：137－145.

［42］马永远．新产品开发团队时间压力、自省性与创新绩效［J］．科学学与科学技术管理，2015（2）：139－148.

[43] 聂左玲，汪崇金. 公共品实验中策略性方法的有效性检验——来自中国的经济学实验证据 [J]. 财经研究，2013，39（12）：17 – 29.

[44] 戚学祥，钟红. 从社会管理走向社会治理 [J]. 探索，2014，176（2）：66 – 69.

[45] 沈德灿. 心理学与内省 [J]. 心理学报，1986，18（3）：3 – 10.

[46] 史丽萍，苑婧婷，唐书林，等. 内部控制机制、团队共享心智模型对知识共享的作用机理——扩展知识共享实现路径的视角 [J]. 现代图书情报技术，2013，29（11）：40 – 45.

[47] 束锦. 引导公众参与制度化发展 [J]. 群众，2018（4）：56 – 58.

[48] 宋紫峰，周业安，何其新. 不平等厌恶和公共品自愿供给——基于实验经济学的初步研究 [J]. 管理世界，2011（12）：32 – 39.

[49] 孙柏瑛. 当代地方治理：面向 21 世纪的挑战 [M]. 北京：中国人民大学出版社，2004.

[50] 孙卫，张颖超，尚福菊，等. 创业团队冲突管理、团队自省性与创业绩效的关系 [J]. 科学学与科学技术管理，2014，35（6）：137 – 143.

[51] 汪崇金，聂左玲，岳军. 个体异质性，预期与公共品自愿供给——来自中国的经济学实验证据 [J]. 财贸经济，2012（8）：36 – 45.

[52] 王彩云. 深化社会管理体制改革创新多元社会治理机制——"大众政治参与和社会平安发展"学术研讨会综述 [J]. 政治学研究，2011（1）：122 – 125.

[53] 王磊，胡鞍钢. 结构、能力与机制：中国决策模式变化的实证分析 [J]. 探索与争鸣，2010（6）：3 – 8.

[54] 王名，孙伟林. 社会组织管理体制：内在逻辑与发展趋势 [J]. 中国行政管理，2011（7）：16 – 19.

[55] 王睿涵. 农村社会治理模式的历史传承与创新发展 [J]. 经贸实践，2018（24）：221.

[56] 王诗宗，宋程成. 独立抑或自主：中国社会组织特征问题重思 [J]. 中国社会科学，2013（5）：50 – 66.

［57］王志立.以人民为中心的基层社会治理逻辑与实现路径［J］.领导科学，2019（2）：15-18.

［58］王志萍.中国社会转型中的价值观念多元化问题探析［J］.法制与社会，2008（17）：108-109.

［59］韦倩.强互惠理论研究评述［J］.经济学动态，2010（5）：106-111.

［60］吴青熹.基层社会治理的三重建构［N］.中国社会科学报，2019-01-30（7）.

［61］吴庆华，祖晨阳.论社会治理多元主体的角色分工和职能定位［J］.理论观察，2012（4）：39-40.

［62］吴晓霞.论基层协商民主的"嵌入式发展"——基于国家与社会关系范式的本土分析框架［J］.社会科学家，2018，No.250（2）：74-77，89.

［63］吴玉敏.创新社会管理中的社会自治能力增强问题［J］.社会主义研究，2011（4）：109-114.

［64］向德平，申可君.社区自治与基层社会治理模式的重构［J］.甘肃社会科学，2013（2）：127-130.

［65］谢金林.城市基层权力变迁与社区治理的发展——基于国家-社会关系的视角［J］.云南社会科学，2011（4）：20-24.

［66］谢文澜，汪祚军，王霏，等.合作行为的产生机制及影响因素——基于进化心理学视角下的探讨［J］.心理科学进展，2013，21（11）.

［67］谢勇，吴大华.改革开放以来我国社会治理模式的变迁及其理念转向研究［J］.重庆邮电大学学报（社会科学版），2018，30（6）：1-8.

［68］严进，王重鸣.群体任务中合作行为的跨阶段演变［J］.心理学报，2003，35（4）.

［69］杨守涛.乡村振兴战略语境下的基层协商与农村社会治理创新——M县"群众会＋"模式研究［J］.领导科学，2019（2）：11-14.

［70］姚莉.论社会困境的治理模式——兼论地方政府合作治理公共物品的限度［J］.新疆社科论坛，2007（1）：27-31.

163

［71］袁庆宏，张华磊，王震，等．研发团队跨界活动对团队创新绩效的"双刃剑"效应：团队反思的中介作用和授权领导的调节作用［J］．南开管理评论，2015，18（3）：13－23.

［72］曾庆捷．乡村中的国家与社会关系：理论范式与实践［J］．南开学报（哲学社会科学版），2018，No.263（3）：52－61.

［73］曾维和，贺连辉．社会治理体制创新：主体结构及其运行机制［J］．理论探索，2015（5）：82－87.

［74］张静．简论现代人文精神与社会人文传统［J］．理论导刊，2006（8）：70－71.

［75］张康之．合作治理是社会治理变革的归宿［J］．社会科学研究，2012（3）：35－42.

［76］张康之．论政府行为模式从控制向引导的转变［J］．北京行政学院学报，2012（2）：22－29.

［77］张乾友．论政府在社会治理行动中的三项基本原则［J］．中国行政管理，2014（6）：55－59.

［78］张书维，梁歆佚，岳经纶．行为社会政策："助推"公共福利的实践与探索［J］．心理科学进展，2019，27（3）：428－437.

［79］张书维．寻找理性边界，打开决策黑箱——评《决策心理：齐当别之道》［J］．公共行政评论，2016，9（5）：192－198.

［80］张文勤，刘云．研发团队反思的结构检验及其对团队效能与效率的影响［J］．南开管理评论，2011，14（3）：26－33.

［81］张宇．政府与市场的协同关系及其实现路径探究［J］．求实，2013（8）：44－48.

［82］赵鼎新．社会与政治运动讲义［M］．北京：社会科学文献出版社，2015.

［83］郑昊力．信任、风险和社会偏好［D］．杭州：浙江大学，2017.

［84］周业安，连洪泉，陈叶烽，等．社会角色、个体异质性和公共品自愿供给［J］．经济研究，2013（1）：123－136.

［85］周业安，宋紫峰．公共品的自愿供给机制：一项实验研究［J］．经济研究，2008（7）：90－104.

［86］Adolphs, Ralph. The social brain: Neural basis of social knowledge [J]. Annual Review of Psychology, 2009, 60 (1): 693 – 716.

[87] Ambrus A., Pathak P. A. Cooperation over finite horizons: A theory and experiments [J]. Journal of Public Economics, 2011, 95 (7): 500 – 512.

[88] Anderson C. M., Putterman L. Do non-strategic sanctions obey the law of demand? The demand for punishment in the voluntary contribution mechanism [J]. Games and Economic Behavior, 2006, 54 (1): 1 – 24.

[89] Andreoni J. Why free ride? Strategies and learning in public goods experiments [J]. Journal of Public Economics, 1988, 37 (3): 291 – 304.

[90] Apfelbaum E. P., Grunberg R., Halevy N., et al. From ignorance to intolerance: Perceived intentionality of racial discrimination shapes preferences for colorblindness versus multiculturalism [J]. Journal of Experimental Social Psychology, 2016, 69: 86 – 101.

[91] Aron A. R., Robbins T. W., Poldrack R. A. Inhibition and the right inferior frontal cortex [J]. Trends in Cognitive Sciences, 2014, 8 (4): 170 – 177.

[92] Ashley R., Ball S., Eckel C. Motives for giving: A reanalysis of two classic public goods experiments [J]. Southern Economic Journal, 2010, 77 (1): 15 – 26.

[93] Axcelrod R. The evolution of coorperation [M]. New York: Basic Books, 1984.

[94] Axelrod R. M. The evolution of cooperation [M]. Basic Books, 1985.

[95] Balliet D., Ferris D. L. Ostracism and prosocial behavior: A social dilemma perspective [J]. Organizational Behavior and Human Decision Processes, 2013, 120 (2): 298 – 308.

[96] Balliet D., Parks C., Joireman J. Social value orientation and cooperation in social dilemmas: A meta-analysis [J]. Group Processes & Intergroup Relations, 2009, 12 (4): 533 – 547.

[97] Barnes R. D., Ickes W., Kidd R. F. Effects of the perceived intentionality and stability of another's dependency on helping behavior [J]. Personality and Social Psychology Bulletin, 1979, 5 (3): 367 – 372.

[98] Batsikadze G. , Moliadze V. , Paulus W. , et al. Partially non-linear stimulation intensity-dependent effects of direct current stimulation on motor cortex excitability in humans [J]. The Journal of Physiology, 2013, 591 (7): 1987 – 2000.

[99] Battigalli P. , Dufwenberg M. Dynamic psychological games [J]. Journal of Economic Theory, 2009, 144 (1): 1 – 35.

[100] Bochet O. , Page T. , Putterman L. Communication and punishment in voluntary contribution experiments [J]. Journal of Economic Behavior and Organization, 2006, 60 (1): 1 – 26.

[101] Boksem M. A. S. , De Cremer D. Fairness concerns predict medial frontal negativity amplitude in ultimatum bargaining [J]. Social Neuroscience, 2010, 5 (1): 118 – 128.

[102] Boosey L. , Isaac R. M. Asymmetric network monitoring and punishment in public goods experiments [J]. Journal of Economic Behavior & Organization, 2016, 132: 26 – 41.

[103] Brandts J. , Schram A. J. H. C. Cooperation and noise in public goods experiments: Applying the contribution function approach [J]. Journal of Public Economics, 2001, 79 (2): 399 – 427.

[104] Buckholtz J. W. , Marois, René. The roots of modern justice: Cognitive and neural foundations of social norms and their enforcement [J]. Nature Neuroscience, 2012, 15 (5): 655 – 661.

[105] Carpenter J. P. The demand for punishment [J]. Journal of Economic Behavior & Organization, 2002, 62 (4): 522 – 542.

[106] Cartwright E. J. , Lovett D. Conditional cooperation and the marginal per capita return in public good games [J]. Games, 2014, 5 (4): 234 – 256.

[107] Chang L. J. , Sanfey A. G. Great expectations: Neural computations underlying the use of social norms in decision-making [J]. Social Cognitive and Affective Neuroscience, 2013, 8 (3): 277 – 284.

[108] Chang L. J. , Smith A. , Dufwenberg M. , et al. Triangulating the neural, psychological, and economic bases of guilt aversion [J]. Neuron, 2011, 70 (3): 560 – 572.

[109] Charness G. , Dufwenberg M. Promises and partnership [J]. Social Science Electronic Publishing, 2006, 74 (6): 1579 – 1601.

[110] Chaudhuri A. , Paichayontvijit T. , Smith A. Belief heterogeneity and contributions decay among conditional cooperators in public goods games [J]. Journal of Economic Psychology, 2017, 58: 15 – 30.

[111] Chen F. , Krajbich L. Biased sequential sampling underlies the effects of time pressure and delay in social decision making [J]. Nature Communications, 2018, 9 (1): 3557.

[112] Choi J. K. , Ahn T. K. Strategic reward and altruistic punishment support cooperation in a public goods game experiment [J]. Journal of Economic Psychology, 2013, 35: 17 – 30.

[113] Chuah S. H. , Hoffmann R. , Larner J. Perceived intentionality in 2 × 2 experimental games [J]. Bulletin of Economic Research, 2016, 68: 78 – 84.

[114] Civai C. , Miniussi C. , Rumiati R. I. Medial prefrontal cortex reacts to unfairness if this damages the self: A tDCS study [J]. Social cognitive and affective neuroscience, 2015, 10 (8): 1054 – 1060.

[115] Cox J. C. How to identify trust and reciprocity [J]. Games & Economic Behavior, 2004, 46 (2): 260 – 281.

[116] Croson R. Theories of commitment, altruism and reciprocity: Evidence from linear public goods games [J]. Economic Inquiry, 2010, 45 (2): 199 – 216.

[117] Dambacher F. , Schuhmann T. , Lobbestael J. , et al. Reducing proactive aggression through non-invasive brain stimulation [J]. Social Cognitive & Affective Neuroscience, 2015, 10 (10): 1303.

[118] Dawes R. M. Social dilemmas, economic self-Interest, and evolutionary theory [M]. Frontiers of Mathematical Psychology, 1991.

[119] Dawes R. M. Social Dilemmas [J]. International Journal of Psychology, 1980, 35 (2): 111 – 116.

[120] Declerck C. H, Christophe B. , Griet E. , et al. When do people cooperate? The neuroeconomics of prosocial decision making [J]. Brain & Cognition, 2013, 81 (1): 95 – 117.

[121] Dennett D. C. The Intentional Stance [J]. Philosophical Books, 1989, 30 (3): 169 – 172.

[122] Dorfman A., Eyal T., Bereby – Meyer Y. Proud to cooperate: The consideration of pride promotes cooperation in a social dilemma [J]. Journal of Experimental Social Psychology, 2014, 55: 105 – 109.

[123] Dufwenberg M. Marital investments, time consistency and emotions [J]. Journal of Economic Behavior & Organization, 2004, 48 (1): 57 – 69.

[124] Emonds G., Declerck C. H., Boone C., et al. The cognitive demands on cooperation in social dilemmas: An fMRI study [J]. Social neuroscience, 2012, 7 (5): 494 – 509.

[125] Eriksson K., Andersson P. A., Strimling P. When is it appropriate to reprimand a norm violation? The roles of anger, behavioral consequences, violation severity, and social distance [J]. Judgment & Decision Making, 2017, 12 (4): 396 – 407.

[126] Faillo M., Smerilli A., Sugden R. The roles of level-k and team reasoning in solving coordination games [J]. Ceel Working Papers, 2013.

[127] Fehr E., Fischbacher U. Social norms and human cooperation [J]. Trends in Cognitive Sciences, 2004, 8 (4): 185 – 190.

[128] Fehr E., Gächter S. Fairness and retaliation: The economics of reciprocity [J]. Journal of Economic Perspectives, 2000, 14 (3): 159 – 181.

[129] Fehr E., Rockenbach B. Detrimental effects of sanctions on human altruism [J]. Nature, 2003, 422 (6928): 137 – 140.

[130] Fischbacher U., Gächter S., Fehr E. Are people conditionally cooperative? Evidence from a public goods experiment [J]. Economics Letters, 2001, 71 (3), 397 – 404.

[131] Fischbacher U., Gächter S. Social preferences, beliefs, and the dynamics of free riding in public goods experiments [J]. Twi Research Paper, 2010, 100 (1): 541 – 556.

[132] Fusco A., De Angelis D., Morone G., et al. The ABC of

tDCS: Effects of anodal, bilateral and cathodal montages of transcranial direct current stimulation in patients with stroke—A pilot study [J]. Stroke Research and Treatment, 2013: 1 - 6.

[133] Gambetta D. Can we trust trust? [M]. Trust: Making and breaking cooperative relations. Oxford: Basil Black-well Publisher, 1988: 213 - 237.

[134] Gamst F. C. Foundations of social theory [J]. Anthropology of Work Review, 2010, 12 (3): 19 - 25.

[135] Gächter S., Herrmann B. The limits of self-governance when co-operators get punished: Experimental evidence from urban and rural Russia [J]. European Economic Review, 2011, 55 (2): 1 - 210.

[136] Gächter S., Herrmann B., Thöni C. Trust, voluntary cooperation, and socio-economic background: Survey and experimental evidence [J]. Journal of Economic Behavior & Organization, 2004, 55 (4): 1 - 531.

[137] Geanakoplos J., Pearce D., Stacchetti E. Psychological games and sequential rationality [J]. Games & Economic Behavior, 1989, 1 (1): 1 - 79.

[138] Gruber J., Mauss I. B., Tamir M. A dark side of happiness? How, when, and why happiness is not always good [J]. Perspectives on Psychological Science, 2011, 6 (3): 222 - 233.

[139] Géza Gergely Ambrus, Al - Moyed H., Chaieb L., et al. The fade-in - Short stimulation - Fade out approach to sham tDCS - Reliable at 1mA for naïve and experienced subjects, but not investigators [J]. Brain Stimulation, 2012, 5 (4): 499 - 504.

[140] Hardin R. Collective action [M]. The Johns Hopkins University Press, 1982.

[141] Hardin R. Conceptions and explanations of trust [J]. Trust in Society. New York: Russell Sage Publications, 2001: 3 - 39.

[142] Hardung S., Epple R., JäCkel Z., et al. A functional gradient in the rodent prefrontal cortex supports behavioral inhibition [J]. Current Biology, 2017, 27 (4): 549 - 555.

［143］ Hare A. P. , Thibaut J. W. , Kelley H. H. The social psychology of groups ［J］. Social Service Review, 1959, 1 （3）: 184 – 186.

［144］ Haruvy E. , Xin Li S. , Mccabe K. , et al. Communication and visibility in public goods provision ［J］. Games and Economic Behavior, 2017: S0899825617301355.

［145］ Hauser O. A. Nowak M. G. Rand D. Punishment does not promote cooperation under exploration dynamics when anti-social punishment is possible ［J］. Journal of Theoretical Biology, 2014, 360: 163 – 171.

［146］ Hoegl M. , Parboteeah K. P. Team reflexivity in innovative projects ［J］. R & D Management, 2010, 36 （2）: 113 – 125.

［147］ Hoffman M. , Yoeli E. , Nowak M. A. Cooperate without looking: Why we care what people think and not just what they do Psychological and Cognitive Sciences ［J］. ProcNatl Acad Sci U S A, 2015, 112 （6）: 1727 – 1732.

［148］ Holmström B. Moral hazard in teams ［J］. Bell Journal of Economics, 1982, 13 （2）: 324 – 340.

［149］ Hurwicz L. Institutions as families of game forms ［J］. Japanese Economic Review, 2010, 47 （2）: 113 – 132.

［150］ Irlenbusch B. , Meer J. T. Fooling the nice guys: Explaining receiver credulity in a public good game with lying and punishment ［J］. Journal of Economic Behavior & Organization, 2013, 93 （2）: 321 – 327.

［151］ Iyer M. B. , Mattu U. , Grafman J. , et al. Safety and cognitive effect of frontal DC brain polarization in healthy individuals ［J］. Neurology, 2005, 64 （5）: 872 – 875.

［152］ Jamil A. , Batsikadze G. , Kuo H. , et al. Systematic evaluation of the impact of stimulation intensity on neuroplastic after-effects induced by transcranial direct current stimulation ［J］. J Physiol, 2017, 595 （4）: 1273 – 1288.

［153］ Juana Castro Santa, Filippos Exadaktylos, Salvador Soto – Faraco. Beliefs about others' intentions determine whether cooperation is the faster choice ［J］. Nature, 2017.

［154］ Kachelmeier S. J. , Shehata M. Internal auditing and voluntary cooperation in firms: A cross-cultural experiment [J]. The Accounting Review, 1997, 72 (3): 407 – 431.

[155] Kelley H. H. , Holmes J. G. , Kerr N. L. , et al. An atlas of interpersonal situations [M]. New York: Cambridge, 2003.

[156] Kelley H. H. , Thibaut J. W. Interpersonal relations: A theory of interdependence [M]. New York: Wiley, 1978.

[157] Keser C. , Van Winden F. Conditional cooperation and voluntary contributions to public goods [J]. Scandinavian Journal of Economics, 2010, 102 (1): 23 – 39.

[158] Kim O. , Walker M. , Ii W. F. S. The free rider problem: Experimental evidence [J]. Public Choice, 1984, 43 (1): 3 – 24.

[159] Klapwijk A. , Van Lange P. A. M. Promoting cooperation and trust in "noisy" situations: The power of generosity [J]. Journal of Personality and Social Psychology, 2009, 96 (1): 83 – 103.

[160] Knoch D. , Nitsche M. A. , Fischbacher U. , et al. Studying the neurobiology of social interaction with transcranial direct current stimulation—The example of punishing unfairness [J]. Cerebral Cortex, 2008, 18 (9): 1987 – 1990.

[161] Knoch D. , Pascual – Leone A. , Meyer K. , et al. Diminishing reciprocal fairness by disrupting the right prefrontal cortex [J]. Science, 2006, 314 (5800): 829 – 832.

[162] Kocher M. G. , Cherry T. L. , Kroll S. , et al. Conditional cooperation on three continents [J]. Economics Letters, 2008, 101 (3): 175 – 178.

[163] Kocher M. G. , Martinsson P, Matzat D. , et al. The role of beliefs, trust, and risk in contributions to a public good [J]. Journal of Economic Psychology, 2015: S0167487015001269.

[164] Kollock P. Social dilemmas: The anatomy of cooperation [J]. Annual Review of Sociology, 1998, 24 (1): 183 – 214.

[165] Koukoumelis A. , Levati M. V. , Weisser J. Leading by words: A voluntary contribution experiment with one-way communication [J]. Jena Economic Research Papers, 2012, 81 (2): 379 – 390.

［166］Ledyard J. O. The handbook of experimental economics ［M］. U. S. ：Princeton university press，1995.

［167］Lehmann L. ，Keller L. The evolution of cooperation and altruism-a general framework and a classification of models ［J］. Journal of evolutionary biology，2006，19（5）：1365 – 1376.

［168］Leonard T. ，Croson R. T. A. ，Oliveira A. C. M. D. Social capital and public goods ［J］. Journal of Socio – Economics，2010，39（4）：474 – 481.

［169］Lewis D. Convention：A philosophical study ［M］. U. S. ：Harvard University Press，2008.

［170］Lindbeck A. Incentives and social norms in household behavior ［J］. American Economic Review，1997，87（2），370 – 377.

［171］Malle B. F. ，Holbrook J. Is there a hierarchy of social inferences？The likelihood and speed of inferring intentionality，mind，and personality ［J］. J Pers Soc Psychol，2012，102（4）：661 – 684.

［172］Marwell G. ，Ames R. E. Experiments on the provision of public goods. I. Resources，interest，group size，and the free-rider problem ［J］. Sociol，1979，84（6）：1335 – 1360.

［173］Mayer R. C. ，Davis J. H. ，Schoorman F. D. An integrative model of organizational trust ［J］. Academy of Management Review，1995，20（3）：709 – 734.

［174］Meesen R. L. ，Thijs H. ，Leenus D. J. ，et al. A single session of 1 ma anodal tdcs-supported motor training does not improve motor performance in patients with multiple sclerosis ［J］. Restor Neurol Neurosci，2014，2（2）：293 – 300.

［175］Mellor J. M. ，Milyo J. ，Anderson L. R. Social capital and contributions in a public-goods experiment ［J］. American Economic Review，2004，94（2）：373 – 376.

［176］Messick D. M. ，et al. Individual adaptations and structural change as solutions to social dilemmas ［J］. Journal of Personality and Social Psychology，1983，44（2）：294 – 309.

［177］Miller E. K. ，Cohen J. D. An integrative theory of prefrontal cortex function [J]. Annual Review of Neuroscience, 2001, 24 (1): 167 – 202.

[178] Montague P. R., Lohrenz T. To detect and correct: Norm violations and their enforcement [J]. Neuron, 2007, 56 (1): 185 – 196.

[179] Neugebauer T., Perote J., Schmidt U., et al. Selfish-biased conditional cooperation: On the decline of contributions in repeated public goods experiments [J]. Journal of Economic Psychology, 2009, 30 (1): 52 – 60.

[180] Nishi A., Christakis N. A., Evans A. M., et al. Social environment shapes the speed of cooperation [J]. Social Science Electronic Publishing, 2016, 6: 29622.

[181] Nitsche M. A., Paulus W. Sustained excitability elevations induced by transcranial DC motor cortex stimulation in humans [J]. Neurology, 2001, 57 (10): 1899 – 1901.

[182] Nowak M. A. Five rules for the evolution of cooperation [J]. Science, 2006, 314: 1560 – 1563.

[183] Olson M. The logic of collective action: Public goods and the theory of groups [M]. Harvard University Press, 1965.

[184] Orogun P., Migdal J. S., Lee S. H. Strong societies and weak states: State-society relations and state capabilities in the third world; State-building in the contemporary third world; [J]. The American Political Science Review, 1991, 85 (2): 669.

[185] Ostrom E. A behavioral approach to the rational choice theory of collective action presidential address [J]. American Political Science Review, 1998, 92 (1): 1 – 12.

[186] Ostrom E., Calvert R., Eggertsson T. Governing the commons: The evolution of institutions for collective action [J]. American Political Science Review, 1993, 86 (1): 279 – 249.

[187] Ostrom E. Understanding institutional diversity [M]. Princeton University Press, 2005.

[188] Palfrey T., Rosenthal H., Roy N. How cheap talk enhances efficiency in threshold public goods games [J]. Games and Economic Behav-

173

ior, 2015: S0899825615001347.

[189] Parks C. D. , Sanna L. J. , Posey D. C. Retrospection in social dilemmas: How thinking about the past affects future cooperation [J]. Journal of Personality and Social Psychology, 2003, 84 (5): 988 – 996.

[190] Pelligra V. Empathy, guilt-aversion, and patterns of reciprocity [J]. Journal of Neuroscience, Psychology and Economics, 2011, 4 (3), 161 – 173.

[191] Pillutla M. M. , Chen X. P. Social norms and cooperation in social dilemmas: The effects of context and feedback [J]. Organizational Behavior & Human Decision Processes, 1999, 78 (2): 81 – 103.

[192] Rand D. G. , Fudenberg D. , Dreber A. It's the thought that counts: The role of intentions in noisy repeated games [J]. Journal of Economic Behavior & Organization, 2015, 116: 481 – 499.

[193] Reif C. , Rübbelke D. , Löschel A. Improving voluntary public good provision through a non-governmental, endogenous matching mechanism: Experimental evidence [J]. Environmental & Resource Economics, 2017, 67 (3): 559 – 589.

[194] Rhodes R. A. W. The new governance: Governing without government [J]. Political Studies, 2010, 44 (4): 652 – 667.

[195] Riechmann T. , Weimann J. Competition as a coordination device: Experimental evidence from a minimum effort coordination game [J]. European Journal of Political Economy, 2008, 24 (2): 437 – 454.

[196] Riva P. , Romero Lauro L. J. , Dewall C. N. , et al. Reducing aggressive responses to social exclusion using transcranial direct current stimulation [J]. Social Cognitive and Affective Neuroscience, 2015, 10 (3): 352 – 356.

[197] Ruff C. C. , Ugazio G. , Fehr E. Changing social norm compliance with noninvasive brain stimulation [J]. Science, 2013, 342 (6157): 482 – 484.

[198] Samuelson P. A. Diagrammatic exposition of a theory of public expenditure [J]. Review of Economics & Statistics, 1955, 37 (4): 350 – 356.

[199] Samuelson P. A. Foundations of economic analysis [M]. Cambridge: Harvard University Press, 1947.

[200] Sanfey A. G. , Rilling J. K. , Aronson J. A. , et al. The neural basis of economic decision-making in the ultimatum game [J]. Science, 300.

[201] Sanfey A. G, Stallen M. , Chang L. J. Norms and expectations in social decision-making [J]. Trends in Cognitive Sciences, 2014, 18 (4): 172 – 174.

[202] Schotter A. The economic theory of social institutions [M]. New York: Cambridge University Press, 1981.

[203] Simon H. A. Administrative behavior [M]. New York: Free Press, 1976.

[204] Smelser N. J. Theory of collective behavior [M]. Glencoe: Free Press, 1962.

[205] Smith V. L. Microeconomic systems as an experimental science [J]. The American Economic Review, 1982, 72 (5): 923 – 955.

[206] Somech A. The effects of leadership style and team process on performance and innovation in functionally heterogeneous teams [J]. Journal of Management, 2006, 32 (1): 132 – 157.

[207] Spiller J. , Ufert A. , Vetter P. , et al. Norms in an asymmetric public good experiment [J]. Economics Letters, 2016, 142: 35 – 44.

[208] Spitzer M. , Fischbacher U. , Bärbel Herrnberger, et al. The neural signature of social norm compliance [J]. Neuron, 2007, 56 (1): 185 – 196.

[209] Sugden R. Spontaneous order [J]. Journal of Economic Perspectives, 1989, 3 (4): 85 – 97.

[210] Tankard M. E. , Paluck E. L. Norm perception as a vehicle for social change [J]. Social Issues & Policy Review, 2016, 10 (1): 181 – 211.

[211] Thaler R. H. , Sunstein C. R. Nudge: Improving decisions about health, wealth, and happiness [M]. New Haven, CT: Yale University Press, 1985.

[212] Thöni C. , Tyran J. R. , Wengström E. Microfoundations of social capital [J]. Social Science Electronic Publishing, 2012, 96 (7 – 8): 635 – 643.

[213] Tjosvold D. Cooperative and competitive goal approach to conflict: Accomplishments and challenges [J]. Applied Psychology, 1998, 47 (3): 285 – 313.

[214] Tjosvold D. Defining conflict and making choices about its management: Lighting the dark side of organizational life [J]. International Journal of Conflict Management, 1990, 17 (2): 87 – 95.

[215] Todd S. Collective action [M]. Ann: The University of Michigan Press, 1992.

[216] Tomasello M. M. , Carpenter M. M. , Call J. J. , et al. Understanding and sharing intentions: The origins of cultural cognition [J]. Behavioral and Brain Sciences, 2005, 28 (5): 675 – 735.

[217] Tversky K. A. Prospect theory: An analysis of decision under risk [J]. Econometrica, 1979, 47 (2): 263 – 292.

[218] Utz K. S. , Dimova V. , Oppenländer K. , et al. Electrified minds: Transcranial direct current stimulation (tDCS) and Galvanic Vestibular Stimulation (GVS) as methods of non-invasive brain stimulation in neuropsychology—A review of current data and future implications [J]. Neuropsychologia, 2010, 48 (10): 2789 – 2810.

[219] Utz K. S. , Dimova V. , Oppenländer K. , et al. Electrified minds: Transcranial direct current stimulation (tDCS) and Nitsche M. A. , Cohen L. G. , Wassermann E. M. , et al. Transcranial direct current stimulation: State of the art 2008 [J]. Brain Stimulation, 2008, 1 (3): 206 – 223.

[220] Van Lange P. A. M. , Balliet D. Interdependence theory [J]. Language, 2012: 65 – 92.

[221] Van Lange P. A. M. , Joireman J. , Parks C. D. , et al. The psychology of social dilemmas: A review [J]. Organizational Behavior & Human Decision Processes, 2013, 120 (2): 125 – 141.

[222] Van Lange P. A. M. , Schippers M. , Balliet D. Who volunteers

in psychology experiments? An empirical review of prosocial motivation in volunteering [J]. Personality & Individual Differences, 2011, 51 (3): 279 – 284.

[223] Votaw D. Genius becomes rare in the corporate dilemma [J]. Traditional Values and Contemporary Problems, 1975, 12.

[224] Werner Güth, Schmittberger R., Schwarze B. An experimental analysis of ultimatum bargaining [J]. Journal of Economic Behavior & Organization, 1982, 3 (4): 367 – 388.

[225] White, Ben. World development report 2015: mind, society, and behavior, by the World Bank Group [J]. Canadian Journal of Development Studies Revue canadienne détudes du développement, 2015, 36 (4): 581 – 584.

[226] Willis M. L., Murphy J. M., Ridley N. J., et al. Anodal tDCS targeting the right orbitofrontal cortex enhances facial expression recognition [J]. Social Cognitive & Affective Neuroscience, 2015, 10 (12): 1 – 7.

[227] Wout M. V., Kahn R. S., Sanfey A. G., et al. Repetitive transcranial magnetic stimulation over the right dorsolateral prefrontal cortex affects strategic decision-making [J]. Neuro Report, 2005, 16 (16): 1849 – 1852.

[228] Wu J. Indirect higher order beliefs and cooperation [J]. Mpra Paper, 2016: 1 – 19.

[229] Xiao E., Houser D. Emotion expression in human punishment behavior [J]. Proceedings of the National Academy of Sciences of the United States of America, 2005, 102 (20): 7398 – 7401.

[230] Yamagishi T., Yamagishi M. Trust and commitment in the united states and Japan [J]. Motivation and Emotion, 1994, 18 (2): 129 – 166.

[231] Ying X. U. Non-governmental organisations in China: Developments and challenges [M]. China: Development and Governance. 2015.

[232] Yin Y., Yu H., Su Z., et al. Lateral prefrontal/orbitofrontal cortex has different roles in norm compliance in gain and loss domains: A transcranial current stimulation (tDCS) study [J]. European Journal of Neuroscience, 2017, 46 (5): 1 – 8.

附　　录

本研究实验说明、实验程序和实验上机界面均以第 5 章实验 1 为例，见下列附录 A、附录 B 和附录 C 的内容。实验后问卷以第五章实验 2 为例，见附录 D。

附录 A：实验说明

欢迎诸位来参加本次的实验！请将手机关机。

你现在参加的是一个有偿的决策实验。实验很简单，如果你仔细阅读、认真决策，你将会在实验结束后获得一笔可观的收益——取决于你和其他人的决策。为了保护个人隐私，所有实验结果都会以匿名形式处理。如果你有问题，请举手示意，实验主持人会走到你面前解答。

实验开始前，计算机将所有实验参与人随机分组，每组有 3 人，分别为 A、B 和 C，即你的组内除你之外还有 2 个组员。实验过程中你们的身份和分组保持不变，请牢记自己的身份类型。本次实验中，本研究不直接使用人民币，而是 G\$。实验进行 N 轮，实验结束时随机抽取一轮以 1G\$ =1.5 元的比例兑换为现金支付给你。

本实验共分为两个环节。

环节一：实验开始时，计算机会分配给你们每人各 10G\$ 初始资金，然后你们需要独立决定将这 10G\$ 中的多少投入到你所在小组的公共项目以及多少留给自己。你和你所在小组的成员都可以选择 0 ~ 10 之间的任意整数。

环节二：计算机会显示你们小组所有成员的身份类型、对应的投入量、收益以及小组总投入量。

那么，每一轮中你的收入是如何计算的呢？

你未投入到小组公共项目的自留 G\$ 属于你自己；所投小组公共项

目的价值＝你所在小组成员所有投入量×1.5；每个人从小组公共项目中获得的收益＝所投小组公共项目的价值/3，即公共项目的价值在组员之间平均分配。当同组三个成员都决定投入多少G\$给公共项目之后，小组成员的收入也便确定了。

所有人的收入（包含两部分）都按照以下方式进行计算：

（1）"自留收益"，即初始资金10G\$扣除投入到公共项目的G\$之后自留的G\$；

（2）"来自公共项目的收入"，该部分收入的计算遵循下述公式：

1.5×（你所在小组投入给公共项目的G\$总和）/3＝0.5×（你所在小组投入给公共项目的G\$总和）。

因此，你每轮的总收入为：总收入＝自留收益＋来自公共项目的收入＝（10－你个人投入给公共项目的G\$）＋0.5×（你所在小组投入给公共项目的G\$总和）。

例子：某组中A投入4G\$，B投入5G\$，C投入7G\$，那么每人将从公共项目中获得0.5×（4＋5＋7）＝0.5×16＝8G\$，那么A、B、C的总收入分别为：

A的总收入＝（10－4）＋0.5×（4＋5＋7）＝6＋8＝14

B的总收入＝（10－5）＋0.5×（4＋5＋7）＝5＋8＝13

C的总收入＝（10－7）＋0.5×（4＋5＋7）＝3＋8＝11

附录 B：实验后问卷

第一部分：基本信息

性别：＿＿ 年龄：＿＿ 出生年月：＿＿＿＿ 籍贯：＿＿省＿＿市

星座：＿＿ 血型：＿＿ 党员：□是 □否 所在年级：＿＿（大二/研一）

专业：□经济学 □法学 □其他 你是否有过经济学的学习经历：□是 □否

来自：＿＿＿＿＿（城市/农村） 独生子女：＿＿（是/否）

父亲学历：□高中及以下 □专科 □大学本科 □硕士研究生 □博士研究生及以上

母亲学历：□高中及以下 □专科 □大学本科 □硕士研究生 □博士研究生及以上

家庭人均月收入约为：□3000 元及以下 □3001～6000 元 □6001～9000 元 □9000 元以上

第二部分：请根据实验进行评价

1. 评价行为结果的公布会影响你在实验中的决策吗？请选择相应的影响程度。

□（1）非常 □（2）比较 □（3）一般 □（4）基本不 □（5）非常不

2. 在实验中，你会依据组内成员的行为评价结果调整自己的投入量吗？请选择相应的程度。

□（1）非常 □（2）比较 □（3）一般 □（4）基本不 □（5）非常不

3. 在实验中，你会依据行为评价的结果调整自己对你们小组其他两人贡献量的估计吗？请选择相应的程度。

□（1）非常 □（2）比较 □（3）一般 □（4）基本不 □（5）非常不

4. 在实验中，你会依据行为评价的结果调整自己对你们小组贡献量均值的估计吗？请选择相应的程度。

□（1）非常　□（2）比较　□（3）一般　□（4）基本不
□（5）非常不

5. 你对本次实验中自己的表现满意吗？

□（1）非常　□（2）比较　□（3）一般　□（4）基本不
□（5）非常不

6. 如果某轮实验中你的投入量最少，你会感到愧疚吗？

□（1）非常　□（2）比较　□（3）一般　□（4）基本不
□（5）非常不

7. 你曾经参加过类似实验吗？

□是　□否

8. 如果有类似实验，你还会参加吗？

□是　□否

第三部分：请针对 10 种情景分别作出你的选择

下表是 10 种决策情景，每种情景有 A 和 B 两个选项，你更喜欢哪一个？

决策情景	A	B	你的选择
1	50% 的概率获得 100 点，50% 的概率获得 0 点	100% 的概率获得 25 点	A□　B□
2	50% 的概率获得 100 点，50% 的概率获得 0 点	100% 的概率获得 30 点	A□　B□
3	50% 的概率获得 100 点，50% 的概率获得 0 点	100% 的概率获得 35 点	A□　B□
4	50% 的概率获得 100 点，50% 的概率获得 0 点	100% 的概率获得 40 点	A□　B□
5	50% 的概率获得 100 点，50% 的概率获得 0 点	100% 的概率获得 45 点	A□　B□
6	50% 的概率获得 100 点，50% 的概率获得 0 点	100% 的概率获得 50 点	A□　B□
1	50% 的概率获得 100 点，50% 的概率获得 0 点	100% 的概率获得 55 点	A□　B□
8	50% 的概率获得 100 点，50% 的概率获得 0 点	100% 的概率获得 60 点	A□　B□
9	50% 的概率获得 100 点，50% 的概率获得 0 点	100% 的概率获得 65 点	A□　B□
10	50% 的概率获得 100 点，50% 的概率获得 0 点	100% 的概率获得 70 点	A□　B□

第四部分：请对以下描述选择你的同意程度

1. 生活中我很在意别人对我的评价。

（1）非常同意　（2）比较同意　（3）一般同意　（4）不同意

（5）非常不同意

2. 生活中我对自己的要求比对别人的要求高。

（1）非常同意　（2）比较同意　（3）一般同意　（4）不同意

（5）非常不同意

3. 我性格比较内向。

（1）非常同意　（2）比较同意　（3）一般同意　（4）不同意

（5）非常不同意

4. 我是一个有正义感的人。

（1）非常同意　（2）比较同意　（3）一般同意　（4）不同意

（5）非常不同意

5. 集体活动中我一般担任领导者角色。

（1）非常同意　（2）比较同意　（3）一般同意　（4）不同意

（5）非常不同意

6. 生活中我富有责任感。

（1）非常同意　（2）比较同意　（3）一般同意　（4）不同意

（5）非常不同意

7. 生活中我很少会对自己的行为感到内疚。

（1）非常同意　（2）比较同意　（3）一般同意　（4）不同意

（5）非常不同意

8. 别人眼中我是一个爱面子的人。

（1）非常同意　（2）比较同意　（3）一般同意　（4）不同意

（5）非常不同意